日本世界语运动史略

Pri la Historio de Japana Esperanto-Movado

孙明孝　主编

山东大学出版社

《日本世界语运动史略》
编委会

项目承担单位:枣庄学院

指 导 单 位:山东省世界语协会

顾　问:胡小林　曹胜强　[日]佐佐木照央

主　任:李进京

副主任:巴　岩

主　审:曹胜强

主　编:孙明孝

编　译:王東葵　陈　晓　王松兰　袁　野

王金迪　王　丹　商　艺　付月瑜

校　对:吴　娟

前　言

世界语是20世纪初经由三个渠道传入中国的，其中一个重要渠道就是日本。日本知名学者、国际世界语协会亚洲世界语运动协调委员会前主席佐佐木照央曾说过：研究日本世界语运动史就是研究中国世界语运动史，也是中国思想史和中日关系史研究的重要部分。

在近代思想史和日本世界语运动的研究方面，我们已经看到的有崔学松的《1930年代初日本国内和平反战思潮和世界语运动》以及王東葵翻译的《中垣虎儿郎——日中世界语者的老师》等成果。现在看到的这本《日本世界语运动史略》是枣庄学院师生共同编纂的，是中华全国世界语协会2014年项目，主要选编并翻译了日本著名世界语者宫本正男撰写的《日本世界语简史》和《反体制世界语运动史》等成果，同时参考了初芝武美的《日本世界语运动史》等书。

本书共分为四篇，即说史篇、忆人篇、运动篇及附录。说史篇主要选用了日本宫本正男撰写的《日本世界语简史》，由孙明孝、陈晓、王松兰、袁野、王金迪、王丹、商艺翻译。忆人篇主要选用了日本河流出版社于2010年5月27日出版发行的柴田巌所著《中垣虎儿郎——日中世界语者的老师》一书的主要内容,该书全面、系统地介绍了日本世界语者中垣虎儿郎的一生,从不同的角度展现了中垣虎儿郎的生平经历,同时还介绍了他与日中世界语者如绿川英子、宫本百合子、江崎诚致、宫泽贤治、黄乃、邓克强、叶籁士、叶君健等人的友谊以及参与中国新文字运动、日中红色无产阶级运动和翻译中国无产阶级文学等活动。该书由王东葵翻译。运动篇主要选用了日本一桥大学言语社会研究科的崔学松的研究论文《1930 年代初期日本国内和平反战思潮与世界语运动》,该文对 20 世纪 30 年代初在日本国内反战争、求和平的背景下发生的世界语运动的历史作用进行了重新审视,并通过日本无产阶级世界语者同盟的活动具体考察了世界语运动与和平反战的关联,说明日本的世界语运动不仅仅关涉语言问题,而且还是与无产阶级革命运动相关联的一大政治运动。

枣庄学院自 2011 年开设世界语选修课以来,先后开设了世界语 A、世界语口语和世界语翻译等课程,在世界语教学科研方面也走在了全国同类高校的前列。2012 年作为山东省社科规划重点课题的《世界语跨文化交际研究》在枣庄学院完成;2013 年亚洲最大的世界语博物馆在枣庄学院落户,同年第十届全国世界语大会在枣庄学院召开。

世界语教学研究方兴未艾,本书的出版就是枣庄学院教研成果之一,我们希望本书能在各国世界语运动专门史研究方面起到抛砖引玉的作用,以推动世界语研究事业的发展。

谨以此书献给枣庄学院世界语博物馆。

目　录

说史篇

日本世界语运动简史

本篇作者　宫本正男

本篇翻译　孙明孝　陈　晓　王松兰　袁　野

王金迪　王　丹　商　艺

这部文献引起了国际世界语界的高度关注。威廉·奥尔德评价说它是1966～1970年世界语原文创作最重要的成果之一，并把它收录到《世界语插图大辞典》里。1971年5月20日出版的《世界语信使报》说这部文献弥补了日本世界语运动史研究领域的空白。

宫本正男

1975年2月26日

第一章　神话时代

在柴门霍夫1887年创造世界语的时候，世界语当然没有马上传到远东国家，可以推断在德国留学的日本博士丘浅次郎是日本第一个学世界语的人。《世界语运动大百科全书》记载，1906年日本世界语协会（NES）成立以前，日本没有任何世界语组织，几乎都是个人独立学习。

在描述世界语学习之前，笔者首先要介绍一下学习世界语的社会背景，否则，很难了解日本世界语运动的兴起和发展。

天皇统治下的日本资本主义1868年以后得到了很大的发展，使日本从一个封建落后的旧日本发展成亚洲唯一的工业化国家。经过几次曲折的维新以后，直到1904～1905年日俄战争结束前后成为一个帝国主义国家。

几十年前，自由竞争或者要求民主与自由的呼声突如其来，席卷全国，压制自由和民主的暴力恐怖事件也经常发生。建立在大庄园主之上，已经改变或者屈服于强权政府的自由主义阵营和资本主义发展趋势成为绝对力量控制了日本，享受着"狮子分食"。但是，在这个阵营以外需要生存而倾向于沙文主义的自由主义者却阻挡着这个“狮子分食”，他们中的一些人寻机发展，大多数人参加新生力量的同盟，那就是社会主义，一些人向其他领域转变，比如文学、自然科学领域等。

说到自然科学领域我们应该提到，日本人总是感到日语不能被广泛地应用，因孤岛而厌倦，那么自然科学家们当然最渴望国际语，因此他们成了世界语应用的阶层，就像现在看到的现象一样。

“资本主义的掘墓人”无产者成为反对阶级仍然不太成熟，但是他们越发自觉地组织起来。在 1904 年日俄战争爆发的时候，反战者首次团结在《平民新闻》社周围，当然他们的行动只是小范围的，而且很有限，因为政府的法律限制了进步事业的发展，即使一个人罢工也会受到严酷的打击并逮捕入狱。这个《平民新闻》杂志总是和进步人士一起发动人民，在它的影响下开始出现了反战文学，这个文学不仅来自社会主义者，而且还来自由主义者。日本著名诗人年谢野晶子因他的弟弟被征参加旅顺保卫战而写了一首动人的诗歌：“啊！吾弟，我为你哭泣，千万不能送死去……”在这里，我们看到共产主义的萌芽，随之而来的就是国际语理想。1904 年，幸德秋水（又名“传次郎”）（1871～1911）与堺利彦（1870～1933）把《共产党宣言》翻译成日语。幸德秋水后来成为无政府主义者，因图谋暗杀天皇被处死。堺利彦成为日本马克思主义的先驱，后来的日本世界语协会的理事。首个日本社会党于 1906 年成立。

许多理想主义者放弃其他信仰,社会主义者逐步形成了第一个共产主义的阵营,同时也是国际语的阵营。

一方面,民族主义者或者极端民族主义者感觉到日语在国际上地位低下而受到其他语言的排挤,也成了国际语的朋友,不久他们就成为热心的世界语者。

另一方面,在其他国家开始出现了世界语和集邮爱好者队伍,从某种意义上说,这些人是真正支持世界语的群体。

总之,上述五大基础支撑了柴门霍夫世界语的推广,就像波兰和其他小国家语言没有更大的实力一样。这样的基础多多少少促进了世界语运动的发展,后来又增加了一些领域,如休闲娱乐,有些人喜欢旅游,有些人喜欢和外国人交流。

1887 年沃拉普克语(Volapuko)传入了日本,横滨的一个英文刊物《日本杂志》报道了沃拉普克语。同年,日本著名的进步媒体《读卖新闻》刊登了沃拉普克语的语法和词汇。次年,《读卖新闻》从 1 月 3 日至 4 月 28 日每日一版连载了荷兰医生万·德尔·海德(Van der Heyden)刊授的教程。1889 年,万·德尔·海德在佐佐林的帮助下出版了 580 页的《沃拉普克语—日语词典》。

日本著名生物学家、达尔文主义的宣传家、悲观主义的思想家——倾向于共和国主义的丘浅次郎于 1887 年在德国学习世界语。日本速记的先驱田锁纲纪于 1889 年开始学习世界语,1890 年,他因不满世界语,自己发明了一种和世界语差不多、被命名为“我们的语言”的国际语,但是没有公布。

1940 年，他在接受《东方杂志》记者三宅史平采访时说出了当时没有公布的原因："当时我接触了世界语，后来青睐于中立语(Idiom Neutral)，但不久又回到了世界语，忠实于世界语到终生。"他讲道，尽管他没有积极主动地参加世界语运动，但他的子女都是热情的世界语者。

同年，《长崎》杂志刊载了法国牧师、理化老师阿方斯·米斯特莱(Alphonse Mistler)撰写的介绍世界语的文章，他是法国热情的世界语者让·米斯特莱(Jean Mistler)的兄弟，当年阿方斯·米斯特莱向 60 名学生教授了世界语。有关外务省外籍顾问葛贺甘(Richard H. Geoghengan)推广世界语的一些活动，到现在我们也一无所知，但是他应该做了一些事情，因为他是虔诚的世界语者，曾把柴门霍夫的《世界语第一书》翻译成了英语。

1903 年，日本著名历史学家黑板胜美开始自学世界语，我们以后会介绍到他，因为他是日本世界语运动最重要的人物之一。同时，金泽的苏格兰牧师马肯谢(MacKenzie)和冈山的英语教师高特莱特(H. Gauntlett)开始学习世界语。民主演讲家、政治家吉野作造，著名语言学家神保格，博学的无政府主义者福田国太郎以及世界语同情者小坂狷二和千布利雄并开始自修考·康纳(C. O'Connor)编写的《世界语》教材。吉野作造在基督教《新人》杂志上发表了宣传世界语的文章，这本杂志后来成为日本费边人协会的会刊。樋口堪次郎于 1904 年在《国家社会主义新教育学》一文中强调采用世界语的必要性。

1905 年中，后来成为大阪外国语学校校长的中目觉在比利时学习了世界语。安孙子贞治郎、浅田荣次等人也开始学习康纳的教材。同年 3 月，日本社会党刊物《直言》刊登有关世界语的采访文章。这本杂志的编辑堺利彦采访了黑板胜美，同时与这位激进分子建立了友谊，并决定用半个版面的篇幅来宣传世界语。这个宣传对当时社会党人影响很大，很多人开始学习世界语。

世界语的理想渐渐推广开来，高特莱特在冈山举办了世界语培训班，他的姐夫、后来成为大音乐家的山田耕作和村本达山参加了学习，村本当年就编写了《英世一世英》词典。高特莱特还同时开办了世界语函授班，招收了 700 名学员，其中有二战期间被社会党推荐做了东京都知事参议员的田川大吉郎和前已提到的日本共产党首任总书记堺利彦、日本无政府主义运动的舵手大杉荣等。

1902 年，日本现代文学的先驱二叶亭四迷（长谷川辰之助）在海参崴遇见了当地世界语运动的领导人、好像是沙皇军官的波斯特尼柯夫（A · Postnikov），接受了让他为日本编写世界语入门教材的建议。1906 年，二叶亭四迷兑现了自己的承诺。

这一年加藤节、安孙子贞治郎在横须贺成立了日本世界语协会（NEK），黑板胜美和其他人在东京组织了日本世界语者协会（JEA）（日语和横滨的日本世界语者协会名称一样），后者合并了日本世界语协会，从此日本有组织的世界语活动便开始了。

第二章　日本世界语协会(JEA)

日本世界语协会(JEA)在1906年6月12日成立，于1920年解散，同时，日本世界语学会(JEI)诞生。

众所周知，日俄战争期间革命的烈火蔓延到东方，被首次打击的革命浪潮不仅在俄国复苏(1905年，莫斯科工人暴动，黑海舰队装甲舰"波将金"号的水兵自发起义。1907年，俄罗斯杜马宣布农业土地改革)，而且还波及整个东方(1906年日本社会党成立，韩国、中国革命)，革命一直延续到我们的大师柴门霍夫博士去世那一年——1917年。俄国革命产生了巨大影响，共产党在东方成立，中国于1921年建立了中国共产党，随后日本和朝鲜分别于1922年和1925年创建了共产党和劳动党。

在这种形势背景下，日本世界语协会积极开展工作，如果离开了这个形势，对日本世界语运动历史的研究、对我们前辈工作的评价将是毫无意义的，因为"世界语不单纯是语言问题，而且是重要的社会问题"。

一、各种教材的出现

1906年6月30日，由长谷川辰之助(笔名二叶亭四迷，1864～1909)编写的供日本人学习的《世界语入门》一书出版发行。长谷川辰之助是日本现代文学的先驱，是在俄国作家别林斯基、高尔基、屠格涅夫的直接影响下的思想家。他编译的柴门霍夫的小册子由著名紫杉派诗人、倾向于民族主义的冈麓领导的出版社出版，这本小册子首次把“Esperanto”翻译成“世界语”。这位作家不是一位真正意义上的世界语者，但他旨在通过他的努力把世界语介绍给更多的人，他的这个开创性工作本身对世界语运动作出了巨大贡献。这第一本世界语课本附上了著名文学家的前言，引起了社会公众的广泛关注和接受，并不断再版。同年，他又编译了世界语练习册《世界语读本》，仅此，日本世界语者要感谢他的工作。

接着，丸山顺太郎和高特莱特编写的《世界语》课本出版，丸山顺太郎后来成为著名法语语言学家。当年岩波书店还出版了日本世界语学习会编写的《世界语自修课本》，但是小坂狷二说这本教材因错误太多，没有价值。加藤节编写的同名教材也在同年出版，小坂狷二说也存在同样的问题。由胜美、浅田荣次、安孙子和日本世界语协会编写的《世界语—日语词典》也出版了。

二、组织工作

如上所述，日本世界语协会在横须贺发展了一定数量的会员，从 1906 年 8 月开始出版会刊《日本世界语者》，多亏当时著名的出版家、社会主义运动的支持者中村君的热情帮助，在东京设立了办公室。他是利堺彦、山川均等作家作品的出版人。《英语学习》杂志的编辑安孙子贞治郎兼管协会事务，还有其他人如杂志社的秘书山鹿泰治后来作为义务秘书协助协会开展工作。

高特莱特在东京举办世界语培训班，招收学员 200 名。东京外语专门学校的教授、犹太语言专家浅田荣次几次共招收学员 190 名。

在东京外语专门学校学习法语的大杉荣在校刊上刊登了《世界语讲义》，并以日本世界语协会的名义创办了世界语学校，3 个月培养了很多世界语者。具有讽刺意味的是，最著名的中立主义的领导人千步利雄就是他培养的。世界语学校后来因为大杉荣被捕而停办。这位无政府主义者最有意义的工作是 1908 年举办了中国留学生世界语班，后来这些学员在中国生根发芽，不然，日本世界语运动太孤立。

日本世界语运动就此发展起来，世界语者也随之增加，当然活动仅限于几个大城市的知识分子阶层，即东京、横滨和京都等。在 1919 年第 9～10 期《日本世界语者》杂志里可以看到社会各界优秀人物的名字，比如生物学家伊胜德元助，汉学家石滨纯太郎，日本编年史和其他经典文献的翻译家、民族主义者野原休一，著名记者、无政府主义者相坂吉，新派诗人明海要吉，哲学家高楠顺次郎，英语语言学家、美国社会革命党积极分子佐佐城佑，日本共产党创始人之一、社会主义运动的伟大先驱、左翼社会民主领袖山川均，俄语语言学家、在苏维埃失踪的记者大庭柯公等很多知名人士。我们应该记住日本世界语协会两个名誉主席之一——外务省大臣子爵林董，理事会还有知名激进主义者坂井、大杉荣，民族主义者波斯贞吉等。

1906 年 9 月 28 日，首届日本世界语大会以日本世界语协会全会的名义在东京召开。130 多人参加了大会，大会决定向国际世界语协会申请举办 1907 年国际世界语大会，同时举办万国博览会，大会工作人员大杉荣在会上用世界语宣读了他翻译的日本童话《桃太郎》的部分章节。

1907 年 12 月 16 日，第二届日本世界语大会也是在东京举行。但是次年大会没有继续召开，会刊也停了。

著名哲学家、日本政府代表新村出和日本世界语协会干事长黑板胜美参加了 1908 年在德国德累斯顿召开的第四届国际世界语大会。

人们没有得到黑板胜美归来满意的结论，日本世界语运动突然滑坡。据小坂狷二说，这种滑坡源于黑板胜美的离去，国际世界语大会结束后他于 1908～1910 年间在欧洲游学，因此日本世界语协会失去动力。笔者认为仅仅因为他的离去不是令人信服的理由。他的离去多多少少影响了日本世界语协会的工作，但毕竟还是一个人的力量。那么我们把目光转向已经出现进步曙光的社会，这大概也是因为黑板胜美的游离。另外，我们不能忘记胜美把日本世界语协会过于私人化。小坂狷二及其他人说，所有的钱和收支都由他一个人掌管。现代文明社会当然不会接受这种原始粗放的管理，特别是军人出身和作为勤劳实干工程师的小坂狷二。

最主要的是社会形势的变化，政府开始打击有社会主义倾向的世界语者。1906年，大杉荣和波斯贞吉在反对东京铁路提价活动中被捕(期间他还在监狱里参加高特莱特举办的世界语函授班)，堺利彦担任编辑的《平民新闻》社几次受到警方的冲击，特别是足尾铜山矿工罢工事件后。1908年，日本世界语协会的两位理事大杉荣、堺利彦和世界语者太须贺里子等被捕入狱，原因是他们打着红旗，喊着无政府主义和共产主义口号游行。最大的打击是在1910年，社会主义者和无政府主义者密谋刺杀天皇，被捕的人当中有12人被处决。现在看来，这个数字是政府炮制的，另外柴门霍夫信件中所提到的塞伯尔(Sebert)将军所讲述的“在被处决的人当中没有一个世界语者”也不是真实的。我们要记住，当时世界语者相坂吉参与刺杀天皇受到判处5年劳役的处罚。

世界语运动走向低谷不仅因为黑板胜美的离去，而且还因为日益严峻的政治形势对进步事业的打击。当时，直接接触或保护这些人被视为“危险”或“赤色”分子，就要接受警方的严格审查。如果胜美真回来，他也只有到处躲藏，因为他会保护这些人，他会给他们提供“避风港”，他愿意这么做。他的保护范围也会很大，无论是已提到的左翼无政府主义者、社会主义者，还是有宗教信仰的右翼极端民族主义者北一辉和已经被警方通缉的无政府主义者山鹿泰治都有可能受到胜美庇护。这个阵营也许就是日本世界语协会先驱。

的确，真正的中立主义不能为“资产阶级”所谓对等、虚假的“中立”所束缚。

当然如果政府厌恶世界语运动，总是疑神疑鬼，那么世界语运动停滞不前是不言而喻的。

《日本世界语者》只是暂时停刊，到了1909年，千步借款筹备复刊，他希望能有国外世界语者订阅这本杂志，但是没多久，在欠下一屁股债以后，他的乌托邦理想就破灭了。胜美回到日本看到这种状况，马上策划恢复这个刊物，但只出版了6期。直到1915年，由原田编辑的刻版小刊《东亚》和小坂狷二编辑的刻版小报《东方之星》弥补了这个空白。

三、黑暗中的无助

和大杉荣一样都是职业军人后代、军官学校毕业生的小坂狷二于1906年开始学习长谷川的《世界语课本》，他后来成为日本铁道省的一名工程师。他在整个日本世界语运动史上起了很大作用。在暗无天日的时代，他一边举办世界语培训班一边出版小报。在严峻的形势下，他团结了一小部分热心的世界语者。小坂最终失败了，他的日本世界语协会成了对社会问题熟视无睹的庸俗人道主义者的窝点，他自己游离于革命和军国主义浪潮中，或是成功，或是失败，或是进步，或是后退。我们应该记住，如果说胜美是日本世界语运动的祖师爷，那么小坂狷二就是日本世界语运动之父。

暗无天日的时代还在持续，日本世界语运动在第一次世界大战中没有被淹没，各地成立了许多小世界语社团。赤田在冈山、重松达一郎在鹿儿岛、浅井惠伦在金泽分别成立了世界语社团。最后，在殖民权威人士的支持下出版了小坂编写的《世界语教材》精装版。

值得注意的是，很多海陆军军官对世界语产生了兴趣，如在莫斯科留学的中尉萩野未吉等。

四、大杉荣和坂井以后的山鹿

在当时的形势下，大杉荣和坂井已经不能公开开展世界语活动，在“赤旗事件”以后，他们不再担任日本世界语协会的理事。在整个亚洲世界语运动中，一个纯粹的无政府主义者山鹿已经完全接过大杉荣世界语运动的旗子。他按照大杉荣的指令只身奔赴上海协助刘师复创办《民声》杂志，该杂志坚持宣传克鲁泡特金、巴枯宁、托尔斯泰的无政府主义思想，但是刘师复真正的思想不仅来自于他们，而且更多来自于中国古代哲学家们，特别是老子，他一生贯穿老子“无为”的思想理念。山鹿也继承这个思想，出版了只有 16 页的《民生》杂志。山鹿后来翻译了无政府主义的《时的福音》一书，刘师复也把它翻译成中文，有时公开出版，有时私自发行。

五、创作工作

世界语运动停滞不前，但世界语研究方兴未艾，最杰出的是人称“三驾马车”的小坂、千步和福田国太郎(笔者还不知道最后一位在这方面的成就，只是听说而已)，在这里笔者谈谈其他人。

在中央天文台有两位世界语者，其中一位叫大石和三郎，撰写了大量的天文文章在专业刊物上发表；另一位是天文台台长中村精男，日本世界语协会的代理事长，后来为理事长，他也撰写了一些专业文章。

六、爱罗先珂和拉姆斯特

瓦西里·爱罗先珂(Vasilj Eroŝenko)当然不是第一个进入日本的外国世界语者，在他前后有很多西方人在日本居住或短期工作。爱罗先珂不仅是日本世界语运动历史上的重要人物，而且还是日本社会和历史上引人注目的人物。他于1914年在中村等人的协助下来到日本，积极参加了日本世界语活动，在日本盲人学校学习按摩和工作。他不仅在东京而且也在京都和大阪讲授世界语或文学，他的口才和诗歌般演讲给青年人留下了深刻印象，吸引了很多年轻人学习世界语。其中就有著名戏曲家秋天雨雀，我们在以后的章节里会介绍到他。另一位重要人物是芬兰驻日本大使馆副大使、著名哲学家拉姆斯特，他于1920年来到日本，以他会多种语言的天赋给日本世界语运动带来了全新的感觉，著名诗人宫泽贤治深受他的影响。

在日本人面前，他们展示了世界语不仅是理想，而且是现实中活着的语言。

其他外国世界语者有沃纳高(Vonago)、迪斯(Dich)、珂龙爱斯(Kolomiec)、万格汉(Vaughan)、塞里塞夫(Serisev)等，他们各显其能，发挥了各自的作用。

七、形势的转变

1916 年,在第一次世界大战即将结束的时候,日本世界语运动开始复苏。德国斯巴达克成立;列宁在瑞士坚持开展革命工作;怨声载道的世界大战带来的新的种子在世界各地发芽,那就是反战思想。仅仅参加了一些小战役而获取战利、迅速崛起的日本国内也有了反战思想。工人们渐渐发动起来,学生和知识分子变得更加坚强或者成为坚定的人道主义者,按照列宁的理论找寻最后的出路。

八、《时的福音》

笔者已经提到了日本政府对各种社会主义者的迫害和在白色恐怖下的殉道者。1911 年,山鹿等一些中立主义者在京都开展世界语运动的时候被捕,被捕的理由是他非法出版了一些无政府主义的小册子(当时按照法律规定,所有的出版物必须经过审查),这些非法出版物当中就有保罗·贝尔特劳特(Paulo Berthlot)的《时的福音》这本书,其实这本书就是荷兰原书的再版。他作为众多世界语者所追随的理想的殉道者被起诉,受了三年的牢狱之苦。

九、旧壶新酒

在日本世界语协会的发展当中逐步显现出这个组织的无能,首先是千步针对胜美的独断专行提出了反对意见,并提议协会应该由一人集权管理模式向集体民主管理转变。

似乎这个改革真正的理由不是来自千步，而是小坂自己。《世界语运动百科全书》中说：最初，小坂就计划改革协会的管理方式，把协会的全部工作任务交给青年秘书们来完成，但胜美不同意……

另外，日本世界语协会拖欠印刷费也加速了协会的倒闭。据小坂说，经常在日本工人世界语运动历史上出现的名字西山芳太郎一直坐在胜美的门前要账，并声称不再给协会承印资料。

1919 年 12 月 20 日，日本世界语协会召开胜美没有参加的全委会，会议作出决议：解散日本世界语协会，只是道义上保留其名字，作为日本世界语大会的主办单位，成立新的世界语组织——日本世界语学会。媒体报道说，这就是颠覆了胜美的“独立王国”。

第三章　日本世界语运动的活跃期

一、日本世界语学会的成立

如上所述，1920 年日本世界语学会的基础就已经形成，建会初期协会还不具备会员自由选举的能力，但只能由东京附近会员组成的选举委员会选举，似乎可以更民主地管理学会。

如何延续日本世界语协会？新的组织规定日本世界语协会原来的会员都被视为日本世界语学会的会员，日本世界语协会没有了，但协会还被看作“感情中心”，没有会员、没有会刊、没有秘书，只有由一两个理事长组成的领导机构，这是《世界语运动大百科全书》里所描述的。但我们仍要谈谈这些人所做的工作，而不去评价这个组织。

二、绿色的乌托邦

福田国太郎与逢坂、相坂佶、平野长克及其他人合作在他所在的城市大阪开始出版《绿色乌托邦》杂志，猛男、岩桥武夫是发起人或者合办者。首期刊物于 1920 年完全用世界语出版。尽管编辑和主要合作人都是热忱的无政府主义者，但这个杂志还是中立的。人们很难在这个杂志上看到激进主义的蛛丝马迹，貌似他们试图和所有思想派别的世界语者合作，他们自己都不清楚办刊理念和主题思想。

当全世界无民族协会的创始人兰提（Lanti）呼吁抛弃“中立主义”时，福田和其他世界语者作出回应，退出了中立的组织——日本世界语学会，并开始在大阪一些对世界语感兴趣的社会主义者之间开展活动。三田村四郎，尔后的日本共产党中央委员会委员、全国水平社创始人、农业工会的领袖西光万吉，《资本论》的翻译者都参加了全世界无民族协会。《资本论》首个翻译者、后来成为民族主义者的大井学（高畠素之）曾是日本世界语协会的会员。

福田还担任了全世界无民族协会的执行委员，直到全世界无民族协会日本会员有了新的倾向，信仰马克思主义。他是著名的藏书家，第一次世界大战后，他丰富的藏书都被卖掉了，还有一些有价值的藏品，比如柴门霍夫本人亲笔信及明信片，都被他的妻子烧掉了。

多亏其个人的努力，千步编辑的《世界语读物和文选》很快就展示在世人面前。

三、日本世界语社及其他企业

唐九郎（押田德郎）用自己的资金创办了一个私人企业，因为日本世界语学会没有资金出版世界语教材，总感觉这是一大缺陷。于是，唐九郎就开始进口和出版世界语图书。在他的出版物当中，最引人注目的是《日语—世界语大辞典》和瓦尔德（Walde Buthuis）编写的《莎乐美》（*Salume*），这两部作品都是千步经手的。起初小坂狷二对日本世界语学会没有敌意，但当千步投身于出版事业后，他对日本世界语学会就不满意了，他开始与千步友好往来，并开始反对日本世界语学会。

在横滨和大阪，人们开始在商贸领域使用世界语，成立了相应的公司，但寿命都不长。

岩桥武夫把世界语引进到他的大阪盲人学校，伊东三郎是世界语教师。

四、《绿影》

在日本统治时期的台湾，连温卿编辑出版了台湾世界语学会的机关刊物《绿影》。在残酷的殖民统治下，他坚持了一段时间。他受日本共产主义运动领导人山口均的影响，后来遭到右倾社会民主运动领导人的批判。

连温卿与当时的进步团体台湾文化协会合作，俄国革命以后，他积极参与救助饥饿运动，同时在日本共产党和共产国际发起了这个运动。曾在东京学习的山口小静在山川的领导下，开展妇女运动，在宣传匈牙利革命以及世界语运动方面作出了突出贡献。1922 年的日本世界语大会没有通过救助饥饿运动议案，台湾世界语协会在非常艰难的环境下积极推动这个活动。另外，山口小静认为世界语是男人发明的，对妇女不利。她于 1923 年去世，时年 24 岁。

五、人类一员思想

在日本世界语学会成立时，制定了以下规定：

1. 接收日本世界语协会会员（已经提到）。

2. 日本世界语学会不设主席或理事长，设立会员享有平等权利的管理委员会，由管委会管理协会一切事务和编辑业务等。对外只设代表。首任代表是胜泽亲雄，他日后在国联工作，成了日本极端右翼主义空想家。

3. 选举理事会完成管理工作。

4. 一年举行一次全会，报告协会事务和选举新的委员会。

5. 反对集权统治，让当时日本世界语协会每一个分会都成为有自主权的地方支部，不受控制。

6. 财务公开。

从某种意义上说，小坂狷二非常了解当时的世界语运动。他是优秀的组织工作者，从 1921 年元月开始编辑日本世界语学会会刊《东方杂志》，2 月正式出版，除了因战争不得不停掉几期以外，一直没有停刊。这本杂志的出版就像时钟一样准确，就像列宁的红星一样，照耀到所有有世界语者的地方，并把世界语者紧紧团结在它的周围。

战后的思想也洗礼了日本岛东岸，很多日本人特别是年轻人或多或少受到了这个思想的影响。这种新思想在当时还是陌生的，其实就是民主主义，时常与社会主义结合在一起。进步的年轻人学习俄国的模式竞相组织了工会和农会，为 1922 年成立日本共产党打下了基础，这在当时事实上是唯一在人民大众中有深厚感情基础的政治组织。没有走上政治路线的就成了达达派的成员或者艺术领域的超自然主义者，与无政府主义者混为一体，不顾被扣上“黑色动乱分子”的帽子。

团结在日本世界语学会周围的年轻人大多数属于这种人，他们讨厌绝对主义，对他们而言最愿意接受的思想就是以小坂狷二为主宣传的“人类一员”主义。他们是幸运的，因为在某种程度上说他们已经是新世界的一员，可以避免严酷的阶级斗争，可以避免面对人们后来称之为“东方宪兵”的武力。

无论如何，这些“人类一员”主义者是日本世界语学会取得成功的第一批动力，他们到处发展会员，东京、京都、大阪、川崎、横滨、名古屋及福岛都成为他们主要的舞台。成年人当然也不甘落后，他们的宣传队两次去最落后的东北地区开展世界语宣传工作。值得注意的是，在首尔、台北也建立了世界语组织。首尔的世界语组织是具有宗教信仰和社会主义思想的大山时雄主持的，台北世界语组织是某种宗教团体成立的。后来的反体制世界语运动的领导人儿玉四郎与台湾世界语组织有合作关系。

六、创作工作

世界语者越多，编著的书籍当然就越多。除了已经提到的以外，一些稳定经营或临时的出版社都开始出版世界语教科书，但只是入门教材。其中比较有名的是进步出版社丛文阁书店出版的小坂和秋田编写的《世界语自学者》教材，这个出版社还出版由松崎克己翻译的、普里瓦编著的《柴门霍夫的一生》日语版，这两本书都曾于 1923 年出版过。《柴门霍夫的一生》出版过两次，日本世界语学会得到这个出版社的版权出版了第三版。值得一提的是，小坂为该书的出版撰写了前言，这个前言好像是“人类一员”主义的宣言。

其他引人注目的作者，除了小坂、千步、川原次吉郎、村田正孝、佐佐木孝丸、八木日出雄以外，还有冈本好次、川崎直一等。三宅史平于 1920 年加入日本世界语学会。

七、爱罗先珂再访日本

爱罗先珂于 1919 年再次来到日本，他已不再是天真的人道主义者，而是俄国革命热情的赞扬者。他到日本受到了社会主义者、进步作家——一句话“知识分子”或者“知识界人士”的热烈欢迎。他以自己的风格，用日语和世界语创作了大量的充满浪漫主义色彩和向往社会革命的童话，对日本青年一代产生了很大影响。不仅高津正道、秋田雨雀等世界语者，甚至一些非世界语作家也与他交上了朋友。秋田首先受到他的巴哈教的影响，立刻就成为一名社会主义者。1927 年，秋田雨雀被苏维埃政府邀请参加了十月革命十周年庆典活动，他亲身体验了这个新国家，共产国际广播报道了他的感受。爱罗先珂的活动引起了日本警方的注意，尽管他是个盲人，但和社会激进派人物频繁接触，最终因参加 1921 年

“五一”大游行被捕，后被驱逐出境。他先到了西伯利亚，最后出现在中国的上海和北京，与中国著名作家鲁迅以及他的弟弟在北京建立了世界语学会。在他们的推荐下，他在北京大学用世界语作了有关俄罗斯文学的报告，周作人给他当翻译。他还在北京世界语专门学校教授世界语。

1922 年，去德国参加国际无政府主义大会的大杉荣交给山鹿一本假护照，派他去中国找无政府主义者，他只好去北京求助于爱罗先珂和当地的无政府主义者。但没有成功，中国一些世界语者已经不再是无政府主义者，他们开始与国民党合作，特别有左翼倾向。大杉荣回来以后就去了法国，后来就与世界语运动无关了。无论如何，他多次在巴黎被捕，多次被遣返回国，不久在日本关东大地震期间被宪兵杀害了。

现在让我们回到我们的盲诗人。1924 年，日本人又在莫斯科找到了他，爱罗先珂在那里的一个共产主义大学为日本学生做翻译。爱罗先珂工作了两年，就被解聘离开了这个学校，去了导盲杖引领他去的地方。他被解聘的原因不仅仅是他对共产主义的不满，一部分原因是讲俄语的学生的增加。关于他详细的生活，如果读者精通日语，可以在高杉一郎的作品里找到答案。无论如何，有人认为爱罗先珂不是苏维埃政权绝对的、无条件的拥护者，也有人认为他是拥护者。但是笔者相信，以他诗人的性格，他对当时的社会不会太满意。他去了西伯利亚北部地区，去了土库曼斯坦，在结束了这样到处漂泊的生活之后，爱罗先珂于 1952 年在乌克兰他的家乡去世。如果第 24 届国际世界语大会的参会者还健在的话，还会记得他那响亮清脆的声音，他在大会的诗朗诵比赛中获得了一等奖。

进步的文学期刊《播种者》，按照佐佐木提议，每一期都用日语和世界语题写刊名，并且多次发表过热情洋溢的文章，刊登过有关世界语的课程，以致这种新语言彰显了在进步事业中的主导地位。依靠这种地位和以后的积极努力，老百姓相信世界语是“红色”的语言。

八、北一辉

现在应该描写一下世界语界的一匹孤狼。这个被称为“北一辉”的人，出生于 1883 年，他自诩为“革命的极端民族主义者”。他学习了世界语，学到什么程度，没人知道，但是在某种意义上来说，他比一般人对世界语的本质理解得更透彻，笔者认为这源于大杉或山鹿的教诲。

北一于 1919 年在中国炮制了著名的《日本改造法案大纲》，这个大纲多次印刷发行，不管其是合法的浓笔重彩，还是非法的出版物。这部法案像是极端民族主义的宣言，主张以行动对日本进行改造。但是，我们可以看出，“被改造的国家”讨厌正在统治世界的英语，提议要把世界语作为第二语言来教授，因为欧洲的语言帝国主义已让人忍无可忍，按照他的法案都应把世界语作为第二外语来使用。

1937 年，青年军官及士兵们发动“东京叛乱”，他们企图政变，屠杀了许多将军和大资本家，叛乱最终被镇压下去，主谋者被处以极刑，北一辉也在其中。根据判决书指控，他参加并领导了这次叛乱。其中一个头目在军事法庭供出了他们的行动计划，这个计划就是要推行北一辉所谓的“法案”，无其他目的。但其他人否认支持这个法案。根据这种说法，如果政变成功，世界语不仅可以在日本、在亚洲，甚至可以在澳大利亚和其他国家教授和应用。根据北一法案，将在这些被征服的国家建立起一个伟大的帝国。

九、大本教的兴起

当笔者用日语撰写了一篇标题为《北一辉和世界语》、副标题为“大本教世界语运动起源”的文章并编入《反体制世界语运动史》这部书中时，大本教的几个教主对笔者说是北一辉开创大本教世界语运动的局面表示了不满，他们指出，大本教是受到了巴哈教启发而采纳世界语的。巴哈教为早日实现其教义而使用世界语。

大本教也存在对它的运动有促进作用的某种动机，但是笔者还不能无条件地收回自己的观点，因为大本教同时与极端民族主义运动不无关系，特别对出口王仁三郎来说，大本教与极端右倾运动有非常紧密的联系。出口以前的政治代言人、大本教的顾问大国君在接受笔者采访时，说秦真次曾经是驻莫斯科大使馆武官，于 1918 年在波兰担任使馆武官期间接触了世界语，他亲自向出口杰推荐了世界语。那个秦真次是大本教的信徒之一，当时大本教在军队里有大量的信徒，特别是在军官中间。《大本教的 70 年历史》一书中有记载，具体如下："圣师向教主们提到了世界语的作用。"在1920年10月，北一向出口杰推介了自己的日本改造法案，出口最终接受了这个法案并给予了很高的评价，大国也相信这个法案并复印散发，并明确要复印50本发给大本教教主们，供他们学习研究。当然，复印本中没有删去有关世界语的内容。

1921年，出口杰首次派他的秘书加藤明子去京都世界语培训班学习了世界语，培训班是由当地的学生八木日出雄小组和其他人举办的，从那时开始大本教坚持不懈地为世界语工作着。

正如人们所知，大本教于1923年建立了自己的组织——世界语宣传会，并定期地出版学习杂志《绿色的世界》，在巴黎设立了办公室，西村光月在那里编辑出版《国际大本教》。

十、中立主义

1923年，在关东地区发生了灾难性的大地震，东京、横滨及其周围地区成为废墟。地震当天在冈山市召开的日本世界语大会被迫中断。

在这次全国世界语大会上，最重要的议题之一就是讨论千步利雄的提案，他早已对小坂集权控制下的日本世界语学会领导路线表示不满，并辞去理事一职，仅保留了名誉理事职务。他坚持反对以"人类一员"主义为指导的运动方针。这个"人类一员"主义，对他来说毫无意义，但对世界语运动不利，并且这种思想能束缚会员。在他看来，世界语运动一定要站在中立主义之上，实际上就是《布伦宣言》之上。对他的理念，伊东三郎之后表述得更为准确："按照千步的说法，无论是小偷还是强盗，都有权成为世界语者，在现实中使用世界语的人，就是世界语者。"

这次大会上千布阐明的观点，引起了一些人的不满和愤慨，但是也得到一些人的赞同和支持。起码三宅史平稍后对笔者这样说道：千布的观点对他而言像是打雷一样惊醒了自己，使他坚信今后自己的路该怎么走。现在没有必要再提"千布派"和"小坂派"之间那些由大部分年轻学生引起的无关紧要的争执了，因为这些争执只是历史长河中的插曲而已。

为什么千布要推进中立主义？由于缺少必要的资料笔者不能作出评论。只能确定，他心里除有霸权主义倾向以外，还埋藏着对"人类一员"与社会主义相结合的担心，如果能更合理地考虑的话，就是至少担心反战思想。他是大杉荣的世界语弟子，而大杉荣在关东大地震期间被捕并与他的女友和外甥一起被杀害了，这事也许就是宪兵干的，因为首都的宪兵司令曾有密令或暗示，千步有充分的理由担心。社会主义者离大杉越近，他就越担心对强权统治的反对。是的，把他和法国的杰出人士作比较，在德莱夫斯(Dreyfus)事件的影响下，法国人当时害怕柴门霍夫的思想并认为是危险的，这对世界语运动又是致命的。此外，要记住，他确实是那样的人，像邮局里的检查员一样防止"危险思想"进入日本。

尽管只是讨论提案，但一石激起千层浪，作用竟如此巨大，最终日本世界语学会的代表须须木要在 1924 年仙台日本世界语大会上公开宣布对这种思想的支持，当时第一次全世界无民族协会日本成员的专业座谈会召开。从那时起，中立主义几乎遍布于日本世界语学会，渐渐取代了“人类一员”思想，当然不是没有周折的。

但是我们应该说这个中立主义也变了味，忽略了各种各样的政治倾向，或者担心某种思想，把一切都关进这样一个所谓资产阶级的社会环境里，就像外国的中立主义者一样。无论如何，对我们来说这个中立主义是很难定义的理论，因为如果把这个理论理解成积极的，那它就要包容所有的政治宗教活动及其思想(作者可能更喜欢采用这个定义)；要是定义为消极的，就是要在所有的坏事面前保持沉默，例如在反对法西斯主义和军国主义活动中都要保持沉默。令人遗憾的是，作为欧洲同盟的日本世界语学会在迎合了千步的思想以后，走上了第二条路。

十一、共产主义运动

共产主义运动不是开始于此，而是在日本世界语运动的启蒙时代，笔者曾经提到过的。

在俄国革命的影响和人民的大力推动下，共产主义世界语者逐渐行动起来，迈出第一步的是进步的学生。当时的进步团体是东京大学被称为“新人会”的团体，类似组织在每所大学和高等专门学校都有。也有进步的世界语者加入这样的团体。起码表面上看那是一个真正辉煌的时代,虽然没过多久马上又迎来了其他的浪潮,这个时代用它的血盆大口吞掉了所有进步的人。“新人会”的领袖赤松克磨开始倡议学习世界语并和同事一起拜访了小坂,至于学习到什么程度,不能确定。赤松克磨坐拥日本共产党中央的第一把交椅,后来成为民族主义者福田国太郎的女婿。当时的学生山崎一雄,后来作为共产国际的积极分子在莫斯科工作,他在《民主》机关报上撰写宣传世界语的文章,收到了一定的效果。赤松在当时的进步杂志《解放》做了编辑,这个杂志名称也使用了世界语。我们还不能得到这个进步的环境中有关世界语活动更多的资料,但我们知道,很多世界语者或是支持者是从这些进步学生团体中锤炼出来的,他们确实在世界语中看到了与自己目标相一致的共同点。

后来一些人起到了最重要的作用。1924 年在仙台第 12 届日本世界语大会召开之际,如上所说,青年学生和进步人士组织了全世界无民族协会会员专业座谈会,会上决定建立一个区别于中立运动的、新的社会主义世界语组织。这显然是受到兰提小册子的影响,尽管这个组织没有建立起来——可能是由于组织者无序的工作造成的,但是在有组织的革命世界语运动中迈出了一步。

当人们建立全国性学生组织,取名为“大学生社会科学联合会”时(由于严格审查只能经常使用“社会科学”或“新科学”术语代替共产主义或马克思主义),参加这个联合会的世界语者主要在关东、关西地区即东京、京都、大阪及这些城市的周围建立联络委员会，成立小组。他们迈出的第一步已经不是建立在乌托邦的社会主义或莽撞的激进主义者之上，而是马克思主义（虽然受当时党内错误路线的影响，被称为“福本主义”）。这个团体由于各种各样的原因没能长期发展下去，但是在1929年他们集会成立了由秋田雨雀担任理事长的无产阶级科学会，与参加集会的厂医大栗清实以及成为美国进步文学的评论家和翻译的松本正雄等其他人共同创办了这个科学会。

另一个值得提到的团体是柏木会。它由日本世界语学会进步会员组成，比嘉春潮、永滨寅二郎等人是这个团体的发起人，参加人员有大岛义夫、三青见陆郎、《玛尔塔》一书的口语翻译中垣虎儿郎等人。日本全世界无民族协会运动的伟大先驱福田国太郎没有进入这个洪流，因为他是无政府主义者或者说他反对这个组织和布尔什维克结合在一起。

法务省的秘密文件上认定这两个团体是革命世界语运动的胚胎。

1928年，日本对共产党人的大逮捕开始了，因为他们在共产国际的领导下建立的共产党，图谋推翻天皇统治。1929年，柏木会向日本世界语大会提议，开展解救活动，向被监禁的世界语者提供世界语读物，大会没有采纳这个建议。当时监狱里关押着几百名有共产主义倾向的人，他们被关押只是因为自己向往共产党，有的甚至还不是党员，那么这意味着囚犯都是共产主义者，没有别人。按照当时负责捐赠的中垣的说法，很多在押人员需要的只是课本和词典，但是三田村四郎等人需要高级读物。当时的监狱在某种程度上比后来的监狱相对自由一些，例如西田信村在监狱里可以撰写他对德雷仁(Drezen)的《柴门霍夫》一书的读后感。那么，这些囚犯至少可以在不读出声的情况下学习世界语。这个活动的结果是没能造就出大量的世界语者，但在这恶劣的环境中培养了很多支持者。因为从那时到二战之后，很多人是在监狱里学习世界语的，还有几个人坐到了日本共产党中央委员的位置。

1930 年，柏木会的几个主要成员也参加了普罗研究所之下的世界语研究会，并开始出版 6 卷本的《普罗世界语讲座》，最后一卷是在 1931 年出版的，足足有 1280 页的教材使世界语界大开眼界。特别是第 5、6 卷，就是非常漂亮的世界语文选。1968 年又再版了一次。这在当时引起了真正的轰动效应，很多的进步人士，特别是知识分子，争先恐后地至少购买了第一卷，最后这些教材出版量达到了 8000 册。甚至至今在日本还能见到这些教材。这些教材的编者伊东、大栗、大岛、中垣和武胜即使没有其他的作品，他们的名字也在日本世界语运动中永留青史。

十二、日本普罗世界语协会和普罗世界语者同盟

1931 年，世界语学术团体的培训班学员发起、建立了普罗世界语协会，该协会的指导原则明确地表明遵守无产阶级政党——共产党的行动纲领，并依此方针在工厂和农村开展世界语运动。事实上，牧岛五郎(借用马克西姆·高尔基的

名字的日语发音）、坂井松太郎、石内茂吉、木下忠三等世界语的初学者已经成为协会的核心人物。秋田雨雀担任理事长。当时，似乎川崎支部的部分积极分子预感到形势不妙，便退出了协会的主流，但是剩余的人依旧以语言学习者的身份留了下来。伊东三郎开始转入“地下”活动了，他隐姓埋名从事“非法活动”，他以共产党农业部负责人的身份以及日共中央委员会候补委员和“不喜欢诗歌”的诗人的身份专门在农村开展工作（详见卡洛查 1960 年 3 月在《北方棱镜》发表的文章和 1974 年所写的《走向更高、更远》一书）。栗栖继和富田富等人加入了它的阵营。

1931 年，又成立了“日本普罗世界语者同盟”，该同盟设立中央委员会。不仅东京世界语者参加了这个同盟，而且还有来自大阪、京都和冈山等地的，大阪支部书记是著名律师、活跃的世界语者小岩井净。后来他在做大阪参议员时被逮捕，罪名就是他作为“红色帮会”大阪支部的书记支持政治犯。在监狱里的小岩被共产党推荐竞选了县议员并取得成功。

十三、世界语研究社和其他

梶弘和在 1926 年建立了上文提到的出版社，当时他是具有进步思想的。他出版了各种世界语期刊，像《年轻的亚洲》《世界语者》及大大小小的单行本。其中《日本文学书库》系列图书出版就是他最出色的工作，这本书中有金子洋文、山本有三、菊池宽等人的作品，也有由下村茅司翻译的江户川乱步的侦探小说，大约 10 册。

在语言学家看来，最有分量的研究应属于岩下顺太郎和佐佐城佑的，他们二人都深入地研究并编辑了《柴门霍夫演讲集》，紧接着便由梶弘的出版社出版了。除此之外，他还出版了石黑修的函授班教材《世界语基础》。德雷仁编著的《柴门霍夫》的日语译本也是由他的出版社出版发行的。日本社会形势变得越来越严峻时，尽管他将出版社的名字改为“大日本世界语协会”，出版社最终还是倒闭了。他最后的工作就是征订《日一世词典》，他以小册子的形式顺利出版了第一册和第二册，后几册的出版就中断了，并且他的企业因为订单太少而倒闭。然而战后，即 1957 年，他顺利地出版了《日一世词典》的全本简装本。当日本普罗世界语者同盟工作达到顶峰时，可能是由于左翼势力的推动，值得注意的是，梶弘和也建立了名义上的“工农世界语联盟”，演讲家女工三宅久乃和音乐家永井叔也参加了这个“工农世界语联盟”。

尽管押田德郎也将他的企业的名字由“大日本世界语社”改成了“日本世界语协会”，但是他的企业最终也倒闭了。

后胜静香，青年工人培训会领导人（事实上仅仅是为了从纺织资本家那里获取利益），在培训项目中引进了世界语教学，同时在 1930 年创办了独立的杂志《希望者》。尽管下村和石黑修等人协办这个杂志，但不久后杂志还是因为领导人的丑闻停刊了。

十四、小坂狷二

具有历史意义的进修班课本《日本世界语全程》于 1927 年出版了。说它具有历史意义，一方面是这部教材弥补了这方面的空白，另一方面是这部教材和冈本编辑的《新世日词典》为日本世界语学会赚取了很多经费。

无论是《新世日词典》，还是小坂狷二教材的语法讲解，人们都发现了一些对于西方人而言有点不太一致的观点。小坂狷二将词汇分为两类：主词和虚词。人们能理所当然地理解后者，但是前者由除虚词成分以外所有的词组成，想必西方语法学家也无法理解小坂为什么会作出这样的分类。伊东的学生并不总是按部就班地根据那种分类方法来学习。小坂独特的见解来源于日本古典语言学家本居宣长的学说。

事实上这种分类不是小坂发明的，在千步的语法中也使用过这种分类，这种分类可能来源于日本英语语言学家冈仓由三郎。

尽管笔者认为小坂的语法体系也很好，但是人们愿意用自己的语法进行世界语创作并且在世界语界发扬光大，也避免了过多的日语习惯用法，这种做法更可取。

十五、《玛尔塔》及其他作品

三青见陆郎的突出贡献就是把《玛尔塔》(*Marta*)翻译成日语，由日本著名书店"改造社"(它的杂志世界语名字是《改造》)以《寡妇玛尔塔》书名于 1927 年出版，后来又多次再版。

甚至在第二次世界大战之后又重印了这本书，同时增加了宫本百合子的鼓舞人心的前言。尽管这给日本妇女世界语运动带来了不小的触动，但这个触动力远没有国际世协的某个书目编辑所表述的那么大，因为日本妇女的思想比书中所描述的更进步。

1930年，日本进步电影事业达到了高峰，著名导演田坂具隆与时俱进，拍摄了名为《请看这位母亲》的电影，这部电影是由三青翻译的世界语作品改编而来。影片被“世界著名”的日本审查官剪掉500米左右，制造了新的愤怒，同时也给后代留下了话题。尽管老百姓并不知道这部电影是由世界语翻译而来，但是这部电影在当时引起了极大的轰动。遗憾的是，兼翻译家、戏曲家和文艺批判家于一身的三青不久就被吞没在民族主义浪潮中。

川崎直一在世界语界崭露头角是凭借着自己的作品《上帝在哪里，爱就在哪里》，他对斯德龙斯卡伊(Sidrovskaja)的世界语译本进行了翻译和评论。一大批人喜欢他有卓有成效的研究，另一些人看到是他的发展前景。

当时最引人注目的世界语文学家是下村，尽管信仰保守的宗教影响了他的创作才华，但他仍是当时最出色的日本文学翻译家。在他的作品中，西方人至少对《胜十郎之恋》这部作品记忆犹新，这本书由《文学世界》杂志社出版。但是应该注意他的发展方向，这个方向就是向推理小说翻译方向发展，例如江户川乱步的《黄金假面人》，这本书实际上就是著名长篇小说《鲁滨孙漂流记》的翻版。

当时的世界语文学家还有东宫丰达。他翻译了有岛武郎的优秀作品《宣言》和《致逝去的爱》等其他作品。人们应该在他的作品中注意到这种奇怪的现象：前面的作品是讲述过去的，后边的作品是写现在的。过去的作品由迪爱特尔(Dietterle)审定在德国出版，而现在的作品是他去世后在日本出版的，校对可能是由冈本或者其他人来完成的。除此之外，笔者提醒自己与读者注意二战前在日本出版的作品几乎都是用现在时的语法规则。

1932 年出版的伊东三郎的《绿色帕那》对于我们的世界语文学界而言是具有开创性的，尤其是对于早期作品而言。尽管小坂的文学作品《东方之珠》也是诗歌形式，但《绿色帕那》是日本世界语诗歌的第一成果。其作者的新情感和迸发出的激情已经淋漓尽致地体现在这部作品中，后来又将这种新情感和激情带到了革命运动中，光彩夺目。这个诗集出版全靠冈本的努力，实际上冈本这样做也是想帮助那些隐姓埋名的诗人。

进步妇女世界语组织——晓明社的领导人佐佐城松荣和最优秀的社会民主主义者山川菊荣的妹妹在抵制《资本主义本质》斗争中失败了，这本划时代的《资本主义本质》是由山川菊荣的丈夫的兄弟山川均撰写的。人们可以在《佐佐城松荣作品集》中读到她翻译的作品，该书是在她去世后出版的。

冈本把柴门霍夫的《语言问答》翻译成日语，并用柴门霍夫《原著作品集》中的例句作了补充。如果不谈对文章的补充，那么就柴氏作品的特点而言，这部译著本身是值得怀疑的。这种补充真有必要吗?

露木清彦用把一些民族偏见写进日本神话等其他作品。

由西成甫翻译的《伦敦之塔》首次于1928年出版发行。

尽管山口英男翻译了《绿卡》这本书,但是他却选错了书,原著的作者不久就在世界语文学界销声匿迹了,在浩瀚的文学世界里,人们不可能对他的作品评价太高。

除了上述作品以外,各种世界语文学作品如“雨后春笋”般不断出现。

十六、妇女世界语运动

学习和研究世界语对于东方人来说非常不易,尤其是对日本妇女而言,她们被封建社会、家庭事务和伦理道德牢牢约束着。尽管如此,不少日本妇女仍然奋力抗争。佐佐城松荣在筹建晓明社的《呼吁》中阐明了自己的观点,同时她还提到了两个女世界语者先驱:山口小静和三宅久乃。关于山口小静已经在前面提到过,现在介绍一下三宅久乃。三宅久乃曾经是一个善辩的女工,还曾经担任过工会的领导人,后在印刷厂工作。在三宅领导的联盟工会在《暗无天日的街道》剧中罢工(详见德永直的长篇小说)的时候,她还是女工部的领导人。《暗无天日的街道》中三宅扮演一个总是向资本家一方妥协的社会民主主义者的角色;也许书中描述的并不是真实的人物,三宅不是一个正统的马克思主义理论者。她像佐佐城松荣一样在《无民族主义者》杂志上发表了自己的作品,并且在世界语界她也是一个知名的演讲家。可是不久后她就从世界语界消失了。(国际世界语大会在东京召开时,大会秘书长发现三宅以一个新生代宗教的中层领导人身份参加了这一届的国际世界语大会)

由小资产阶级妇女世界语者组成的晓明社在松崎科己和日本世界语学会进步会员的帮助下积极地开展工作。自1925年晓明社开展了多年工作后,到1936年晓明社在日本妇女世界语协会的地位逐渐根深蒂固。就在民族主义阵营开始形成的时候,晓明社却销声匿迹了。佐佐城松荣的存在已经变得极其重要。人们了解到晓明社的"明"不仅来自明智的柴门霍夫,而且还来自德国共产党和共产国际的创始人之一克拉拉·蔡特金(Klara Zetkin)。

十七、日本世界语学会(JEI)

世界语运动的全面发展最有利于日本世界语学会。学会的会员队伍不断壮大,学会的经济状况也日益好转。日本世界语学会出版了《新世日词典》,词典编辑者正是学会书记长冈本本人,多亏世界语者对《新世日词典》和其他世界语教科书的巨额的订购数量,学会的经济状况才有了明显的好转。尽管一些有竞争力的出版物也在发行;以石黑的词典为例,这本词典几乎是仿照冈本的词典编写的,而且还比之前那本更新颖以及更适用,但是却没有竞争力,因为当时的人们对日本世界语学会的信赖已经很坚固了。1926年,日本世界语学会改革了经费筹集办法,从而更加坚实了学会的经济基础。但学会没有放弃它的初衷:在教育省的监督下把管理权从自由选举的领导手中转交到了干事长任命的理事会手中，让官僚主义作风乘虚而入。（后来学会主任开会时总是说这样一套话："领导们已经充分考虑到了提到的问题，但是其实他什么也不干，是的，我们是照章办事。"）但是从其他方面来说确实也是如此，学会的经济基础牢固了，光是凭借这一点，对世界语运动本身贡献就很大。难题是：在掌握经济实权的同时，如何才能避免学会领导与民主管理之间的冲突。

十八、几组数据

日本世界语学会会员人数（1920～1934 年）

年份	人数	年份	人数
1920 年 1 月	400 名	1928 年 5 月	1682 名
1921 年 5 月	720 名	1929 年 8 月	2159 名
1922 年 12 月	995 名	1930 年 1 月	2181 名
1923 年 8 月	1473 名	1931 年 9 月	2079 名
1924 年 1 月	2351 名	1932 年 2 月	1990 名
1925 年 1 月	约 2700 名	1933 年 7 月	1852 名
1926 年 9 月	2300 名	1934 年 1 月	1405 名
1927 年 12 月	1821 名		

请比较一下数字：

日本世界语协会会员人数（1906～1919 年）

年份	人数	年份	人数
1906 年	约 720 名	1916 年	189 名
1907 年	238 名	1919 年	464 名

日本世界语大会参加人数：

	时间	地点	参加人数
第 1 届	1906 年	东京	约 130 人
第 2 届	1907 年	东京	约 300 人
第 3 届	1916 年	东京	约 50 人
第 4 届	1917 年	东京	约 50 人
第 5 届	1918 年	东京	约 60 人
第 6 届	1919 年	横滨	约 60 人
第 7 届	1920 年	东京	约 40 人
第 8 届	1921 年	东京	约 100 人
第 9 届	1922 年	东京	约 60 人
第 10 届	1923 年	东京	约 170 人
第 11 届	1923 年	冈山	约 150 人
第 12 届	1924 年	仙台	约 100 人
第 13 届	1925 年	京都	约 100 人
第 14 届	1926 年	东京	约 200 人
第 15 届	1927 年	福岛	约 200 人
第 16 届	1928 年	大阪	100 人
第 17 届	1929 年	东京	200 人
第 18 届	1930 年	金泽	100 人
第 19 届	1931 年	京都	200 人
第 20 届	1932 年	东京	360 人
第 21 届	1933 年	京都	210 人
第 22 届	1934 年	长崎	112 人

第四章　战争与衰落

一、通往地狱之路

战争同样对日本世界语运动打击很大。

1931年,日本的帝国主义扩张开始入侵中国的东北领土,同年,战火蔓延到了上海。眼看第二次世界大战已经从直布罗陀波及上海,人们开始行动起来反对战争并呼吁和平。是站在人民和世界和平的一边,还是站在军国主义和战争毁灭的一边呢?日本世界语者必须作出抉择。

西班牙很多世界语者站到了人民阵线一边,在这些人中,我们可以自豪地说出两个著名人物的名字:其中一人是诺塞纳尔·曼嘎达(Rosenorn Mangada),柴门霍夫编写的《人权》小册子的发行人,也是马德里保卫战的领导者;另一人是路德维克·雷恩(Ludwig Renn),反法西斯的德籍作家,也是国际革命世界语作家协会的主席。中国出版了《远东使者》《中国怒吼》《中国报导》等刊物和大量的小册子,对日本帝国主义的侵略行径作了大量的报道。

当时日本世界语者有两种观点。一种理所当然地支持侵略战争，但它起初并不声张，而后来声音越来越大，以致把反对战争的声音压制下去。值得注意的是，大本教倾向于极端民族主义，它的领导成员逐渐表露出他们的态度，并且最终投向军国主义。在1934年的长崎日本世界语大会上，有人提出使用“Nipono”这个名字来代替日本国名的建议，同时发动募集资金购买飞机支援部队，并把飞机命名为“爱国世界语者”号，幸运的是由于大多数代表的反对，这一提议没能实现。

以“阴谋”“与敌对民族合作”“间谍”“怀疑”最后干脆直接说“自由主义者就是敌人”为借口，不仅对社会主义世界语者，而且还对自由主义者开始进行打击。

二、日本普罗世界语者同盟的衰退

1931年，共产主义者队伍中一些明智的人主动团结在日本普罗文化联盟周围。这个组织是由各界文化团体组成的，普罗科学家联盟和作家、戏剧家团体作为主要发起单位，教育家、美术家、摄影家、电影爱好者和无神论者及残疾人文艺团体等组织参加了这个联盟。

日本普罗文化联盟不是单纯地对工人进行教育和开展研究活动的机构，而是紧紧遵循着共产党的政治路线。它的一个口号是：反对战争，反对天皇统治。共产国际召开的第5届大会上确定了文化工作的基本路线，强调这个工作应该只在这些国家中的工会中开展，按照它自己的定义，革命工会可以依法行动起来。为什么共产党在我们的国家走这条路线呢？人们不太理解。尽管这个党的中央委员会主席风间丈吉曾经在莫斯科研究共产主义，说他不胜任一切文化事业，脱离了川名信一的领导，现在只是这个政党的领导成员，但他还是不能解释走这条路线的动机。

最大的遗憾是，如果当时共产党走全面正确的路线，至少会存在反对天皇的人或反对长期战争的人，没有一个共产党员作出这样的自我批评。

日本普罗世界语同盟开始打击内部小团体主义，并努力组织世界语者，要在较短的时间内把“铁杆”团结起来。在东京、京都、大阪、神户、堺利、仙台、新泽、冈山、静冈和其他一些城市中，成立了人数不多的支部。据1932年报告，这个组织拥有236名会员，人数少并不意味着影响小。岩波书店出版的《现代日本编年史》一书中就提及日本普罗世界语同盟，但没有提到日本世界语学会。进步的世界语者和各界的进步人士都或多或少地支持过这个同盟。

1933年，日本警察袭击了日本普罗文化联盟，并逮捕了很多人，日本普罗世界语同盟的一些积极分子都被关进了监狱。唯一的指控是他们属于日本共产主义青年团。牧岛、堺利、风间丈吉、樋口幸吉、山中清太郎和另外一些同伴遭受到牢狱之苦。

尽管日本普罗世界语同盟的运动开始衰退，但是还有新的成员为恢复活动而奔波。最后在这个组织的核心成员里留下的只有初学者，甚至还有没有学过世界语的人，但是一些小政治家、热心人士只关心政治运动，从不理会世界语事业。像鹦鹉学舌的人和形式主义者一样开展宣传工作，当然带来不了什么，但它却一直在推进着这个组织的成长。

1934 年，新人民阵线的刊物《前进》创刊的时候，日本普罗世界语同盟的几个核心成员全部被捕，为这个组织画上了句号。

现在我们谈谈日本普罗世界语者协会的机关刊物。

1930 年，日本普罗世界语协会首次出版它的机关刊物《先锋队》，后来改为《普罗世界语者》，印数 200 份。随后，杂志首次获得一定的订户。1931 年出版《普罗世界语者》和 42 页《同志》杂志达到了 2000 份印数。

三、《丹东之死》

没有参加日本普罗世界语同盟的佐佐木于 1929 年翻译了《丹东之死》，并把它带到筑地小剧院的舞台上，用它作为新剧院的开幕节目，但是由于各种各样的原因，首次演出显得太仓促了，就像即兴表演一样，这个剧目的第二次演出和首次情况也差不多。

四、秘密去苏联

1932 年，国际普罗世界语联盟想在柏林召开一次大会，那时在日本普罗世界语同盟中或许还有一些该组织的积极分子，因为日本普罗世界语同盟的领导人不关注这件事，并且他们还打算派代表团到国际普罗世界语联盟。按照坂井的观点，他要自己亲自选人作为底细潜伏到那个联盟，因此决定派两名世界语者去，并且还必须是忠诚的老世界语者。中台一郎和另一人当选，但是后者最后在出发之前并没有出现在集合地点。中台一郎就决定独自一人越过朝鲜半岛，经过苏联再到达德国。他顺利跨过图们江，在他憧憬的苏联大地上留下了自己的足迹。但是当时苏联士兵立即扣押了他，没等他善意地解释，就把他关了起来，最后他被遣返回了日本，关进了拘留所。

五、和《前线社》同步前进

1934 年 3 月，由于日本国际普罗世界语同盟一意孤行的政治观点和无能，中塚吉次领导下的日本国际普罗世界语同盟神户分会正式宣布退出日本这个联盟。在同上海世界语协会联系后，他已经给自己总结了人民阵线的想法，至少在某个阶级前，他建立了一个小团体，由来自日本国际无产世界语同盟前成员中的进步团体领导它，并把它命名为“前线社”。从第二年的 1 月起就开始同名出版自己的小刊物。不久这个组织就作为国际普罗世界语联盟的日本分会成为日本世界语运动的中心。这个组织开始觉醒，要与各种反法西斯力量一起建立共同阵线。

在“前线社”组织之后，各地又紧接着出现了其他的小团体。

在名古屋和长崎的涅瓦河畔，佐藤东京和其他同伴建立了“黎明”世界语小组，并出版了机关报《黎明》。当中塚吉次去了东京之后，“前进”的运动就开始停滞不前了，他的团体在中塚吉次的关照下发挥着中心作用。在龟冈，久山专一郎和同伴们以“你好”小组登上了舞台。在大阪，宝木宽和同伴们建立了名叫“学舌人”（鹦鹉）的组织，并出版了杂志《兄弟》；在京都，细川三酉和其他同伴们也建立了小团体。

米村健、堺利、冈一太、栗栖继和其他同伴们编辑发行了自己的杂志《五月》，这本杂志成为日本革命世界语作家交流的平台。绿川英子曾供稿合办了这个刊物。

在桑名，加藤隆通同一些中立主义者共同成立了北星世界语协会，它的机关报是“H. E. L.”，但内容都很简短。

在山形，齐胜秀一出版了小杂志《字母与语言》和《拉丁化》杂志，这两本杂志都是推进日本的文字改革和世界语的发展的。

在首都东京，日本国际普罗世界语同盟衰退之后，又相继出现了一些小的团体，如明社、晓明社、菌社、二月社等，他们的骨干成员都是互相兼职。这些人工作不只为了政治目标，同时也为了语言本身。

但是最重要的工作是大岛义夫所做的，中垣和冈本另辟蹊径。他们出版了文学杂志《世界语文学》和语言方面的《国际语的研究》杂志，像同三宅、川崎、下村和冈本等中立主义者合作一样，这两本杂志被大量发行。当时川崎连续发表了关于翻译方面研究的文章，大岛义夫翻译了斯皮里德维奇(Spiridviĉ)、德雷仁等人的研究成果，同时日本世界语学会还出版了他们的译作。尤其是前苏联世界语者的理论研究，就像灯塔为世界语学指明了方向。冈本坚持世界语原创，他还用日语出版了原创作品，尽管这部著作还不是很成熟。

逮捕开始了，几乎每个进步的社会组织都被铲除或取缔，许多人遭受了牢狱之苦。一些人甚至死在监狱里或出狱之后就死了。斋胜、中塚、佐胜、宝木、坂上睦郎都是在1936年去世的。米村、市原、久山专和一些同伴们由于参与这个工作而在监狱里做一些苦役，因为他们有因参加革命运动而入狱做苦役的案底。

六、大本教的毁灭

在1935年12月，大本教遭受了警方的袭击，有超过3000人的教徒被捕，61名教主因“蔑视天皇和破坏公共秩序罪”在遭受严刑拷打后，又以各种罪名而受到法律的指控。这些人当中，世界语者有出口王仁三郎、西村光月等，近藤荣藏、黑田正幸和其他同伴也饱受了折磨。

这个事件是由什么原因导致的呢？目前官方宣称这个组织扰乱国家秩序，提出“把天皇赶出皇宫”的口号。这样的怀疑是完全荒谬的。一位知情人士事后说出了原委，他说警察这样做是要切断极端主义者的经费来源。还有一种说法称，事件的发生是因为和大本教对立的教派的嫉妒。

经过十年的审讯，最后大本教获胜，但是这期间有很多人过世，还有的精神受到刺激或被逼疯。值得一提的是，大本教在遭受迫害之后，世界语运动无缘无故地消沉了，世界语宣传会解散了，直到战后才重获新生，这才给日本人民相对的自由。

七、长谷川照子(绿川英子)

绿川英子是日本国际普罗世界语同盟中的积极分子之一,她被奈良女子高等专科学校开除之后,无论是在组织工作,还是在写作方面都很出色,但是越来越严峻的形势迫使她不得不随其丈夫刘仁到中国去——刘仁当时是在东京学习的中国留学生。绿川英子于 1937 年 4 月离开了日本,去了上海,并受到中国世界语者的欢迎。到中国后,她立即参加了反战运动。从上海到广州、香港、汉口和重庆,她过着漂泊的生活。她用日语和世界语在中国广播电台播音唤醒日本良知,反对侵略战争,她和中国、韩国同志并肩作战,韩国世界语诗人安偶生也是她的战友之一。她翻译了包括石川达三的被日本禁止出版的《活着的士兵》等许多作品。战争结束之后,她离开了战时首都(重庆),也许她不能容忍国民党的极端腐败,于是她就去了她丈夫的家乡。1946 年初,她因斑疹伤寒在东北病逝,她的丈夫也相继去世。当时日军在战争中研制使用了化学武器并在撤退时就地销毁了这些武器,但细菌仍使疾病在东北大地蔓延。她的作品有《来自飓风的私语》、《在中国的战斗》和一些已提到的作品。第二部作品就是她的自传小说。在那段时间里,她为我们的世界语运动作出了卓越的贡献。

高杉一郎翻译了她的第二部作品和第一部中的几个章节,于 1954 年出版。利根光一研究绿川英子,并在 1969 年专门出版了《照子的一生》一书。还有许多非世界语者参考他们的研究成果，发表了一些关于绿川英子的文章，尤其是关于日本妇女运动方面的研究。

八、兰提在日本

在形势越来越严峻的条件下，兰提于 1936 年 11 月底来到日本，他在横滨由日本世界语协会中的一位秘书迎接上岸。他表情和蔼但哭丧着脸。为了保护兰提，避免法语翻译因翻译不当而产生误解，这位秘书把警察安排到了兰提在东京下榻的公寓，据说，那个秘书就是三宅。

兰提作为日本浪人竹内胜吉的客人应邀去了山代，他有幸住在了那里，几乎是“警察的邻居”。原日本普罗世界语同盟的所有成员都不知道他的到来，消息是被封锁的。大概这是日本世界语学会的指令，这些人甚至在战后都不知道他的到来。日本世界语学会这样做的目的可能是保护他，免得带来麻烦。这样做对不对，只有历史去评说了。兰提先是去了京都，然后又去了大阪，他与少数非中立的世界语者见了面。只有《时间》的杂志例外公开发表对兰提的采访。

他，即使再勇敢的兰提，为世界语运动除了应竹内的邀请做了一些关于神道小翻译外，在警察以及眼线面前也无能为力，最终于 1937 年 12 月离开日本，然后去了墨西哥，在那里了却一生。

九、自由主义者同样的灾难

日本全国到处都有警察和宪兵队开始抓人，不仅抓革命的世界语者，而且还抓自由派世界语者。警方怀疑他们是“危险的人”或者是“间谍”。

《时间》杂志由中原修司负责，紧接着服部纯、中村田鹤雄、野岛安太郎先后负责编辑，他们皆因这个杂志的自由主义倾向而蒙难。警方逮捕了杂志工作人员和当时的编辑，据说是由某知名世界语者的抱怨引起的。这本杂志不仅对世界语运动作出了突出的贡献，而且还传播日本进步文学，甚至还出版了岛木健作《监狱》系列作品中的一部作品，当时他还是反叛的作家。

川崎、松叶菊延等人都被警察抓捕了，1943 年，秋田雨雀《骷髅的跳舞》的译者守随一在中国东北被捕，出狱后就命丧黄泉。据说他组织了非法政治学习会而被捕入狱，当然也许是当局编造出来的。

十、消沉

在这样压抑的气氛下，中立主义运动投降了，他们开始倾向于军国主义。

野原休一出版了他的 6 册的巨著《日本书纪》和《神皇正统记》，两本巨著都是歌颂天皇的，还有另外一些中国古典作品。不迎合当时的形势，他的作品是不能出版的，即使自费也不行。关于第一部作品可以明确如下：为了研究日本历史必须翻译的作品，但也会有考古学研究或其他文献，没有这些，著作本身只能为帝国主义自己服务。另外，关于他工作的思想，人们可以看看《孝经》前言。

第28届日本世界语大会在宫崎市召开，神话中那里是日本王朝的诞生地。

日本世界语学会本质上就是自由派，它忽略或忽视了大本教的运动，总是更易于倾向于极端民族主义。当然它没有强大的抵抗力，也不愿意去抵抗，总是随波逐流，摇摆不定，漫无目标。由于心中有鬼，学会不敢让中垣等人进入学会办公室。

按照三宅的话，当时的学会主任取代了冈本，他辞去了日本世界语学会的工作，然后去了韩国的一个城市并在那里找到了工作。比嘉春朝也宣布离开日本世界语学会，因为“日本世界语学会的所为背离了柴门霍夫的精神”，但这样的人毕竟是少数。

学会机关刊物《东方杂志》上开始刊登军国主义的文章。按照政府要求，这个刊物开始选登系列鼓舞日本民族精神的经典文学作品。东京广播电台开始宣传圣战的意义。我们还可以在日本世界语学会的机关刊上看到微弱的抗议：关于讲述新受害者守随一的死亡文章，尽管没有提及他死亡的原因。

“迎合了当前的形势”，但是并没挽救这本杂志的生命。在1944年3月，由于“发行量减少”，这个刊物还是停刊了，对这个组织来说机关刊物就是它的全部。

十一、世界语者爱国同盟

现在笔者要转入最艰难的话题。

1933年，佐野学、锅山贞观两个日本共产党最重要的领导人一从监狱里释放出来，就声明脱离共产党和共产国际，随后就有领导成员三田春四郎、高桥贞树（曾学习过世界语）以及其他成员宣布脱离共产党。从那以后，几乎所有的共产主义者多多少少地都屈服了，他们之间还有几个日本普罗世界语同盟的工作人员（也包括笔者自己，虽然不是日本普罗世界语同盟的成员，但也已经是监狱里的世界语者）。

其中一位重获自由之后，就全面声明脱党，在东京大律师平田动的策划之下，开始发起成立日本世界语者爱国联盟。参加邀请书被分发到日本世界语运动中所有的积极分子手中，拒绝也就意味着逮捕。很多人就同意参加这个联盟，这个由岩下顺太郎担任主席的反动组织就这样诞生了。大家都知道，幕后还会有其他人。

这个世界语者爱国联盟在平田动的策划之下，发起了宣传圣战伟大意义的攻势，并出版了十种宣传小册子。这个联盟好像坚持了一段时间，但是后来由于某种原因它就在历史的舞台上销声匿迹了。平田动还在日本帝国主义傀儡政府满洲顺顺当当地工作了一段时间。

不仅这个联盟，而且日本世界语学会自己也出版了大量的宣传资料，一些人凭借自己的“本事”为宣传圣战卖命。

第五章　战争结束

带给人们巨大痛苦的第二次世界大战终于以日本战败而告终。美国也以盟军的名义占领了日本。麦克阿瑟将军及其他所谓的“新政”成员,采取看似主张进步的政治路线,因此在一开始,日本民众只是简单地相信他们会带来自由和民主,即完全解放。

日本宪法修改后宣布,日本人民管理自己的国家,永远放弃武装。值得注意的是,这并不来自于美方,而是由日本首相市原喜重郎发起的。臭名昭著的《公共秩序法》被废止。此前,这一法律不仅禁止共产党组织活动,而且还压制其他政党组织,甚至大本教和其他宗教。长期被囚禁的共产党人得以重见天日,并立即投入到工作当中。社会党得以重建,它在战争中停止了活动,当中许多人甚至参与侵略战争。工人、农民、知识分子和市民组织如雨后春笋般竞相出现,一波又一波大罢工浪潮席卷全国。

另一方面,持续的通货膨胀、饥荒、死亡、谋杀以及为了糊口而引起其他犯罪行为遍及全国。在共产党和社会党的领导下,人民开始崛起。我们应该强调的是,当时存在一个巨大幻想。这个幻想把美军定义为解放力量，而非镇压力量。这种错误的观念持续了很长时间，不仅在共产党内盛行，而且还包括其他除共产党以外的激进组织。必须要提到的是当时的背景——斯大林主义完全错误的政治路线，就在日本投降时，斯大林骄傲地说，俄国人终于在旅顺日俄战争结束后实现了复仇计划，并且应该将第二次世界大战定义为“民主主义与法西斯主义之间的斗争”而不是“两个帝国主义之间的斗争”。因此，共产党领导人当时的错误并不仅仅是他们自己造成的。

在中国和朝鲜建立起人民民主共和国之际，越南也开始反殖民主义战争。麦克阿瑟的军队曾在1947年禁止全国大罢工，此时也将侵略矛头指向东方其他国家，并为此公开培育日本军备力量和军事工业。

就是在这种局势下，日本世界语运动重新兴起。

一、日本世界语学会重现生机

1945年10月，日本世界语学会开始重新出版机关刊物《东方杂志》，并将老会员组织起来。它首先向“海外同仁们”呼吁：“我们日本世界语者，作为战败国国民，同时作为人类有良知的人，有义务为了我们的理想而鞠躬尽瘁，为建立永久世界和平，为繁荣人类文化和福祉作出自己的贡献。”在集各方意见之后，日本世界语学会作出决定：“我们已经踏上了新的征程。对于我们，分散在各处的人们来说，这条道路并不很平坦。但是，不管条件如何艰苦，我们也会为建立世界文化新秩序而努力工作，增砖添瓦，贡献力量。我们相信海外同志们会同我们一样，不遗余力地帮助我们完成使命。”

显然，日本世界语学会依然没有意识到他们对参与战争应负的责任，即使这是必需的。这种反省的缺失在后来将他们引向奇怪的立场。

无论如何，日本世界语学会开始在看似适合自己的道路上发展。同年，机关刊物也按时出版发行。但第二年，由于纸张的短缺和通货膨胀的原因，机关刊物发行开始时断时续。当时其他以往按时发行的刊物也是如此。

在日本世界语学会第 2 期机关刊物中，日本世界语学会提议在同年 12 月 6 日召开第 32 届日本世界语大会。

二、72 名大会参加者

第 32 届日本世界语大会在日本世界语学会会所如期举行。日本世界语学会的会所幸免于战火而保存了下来。同志们来自东京及周边城市。他们背着背包，很多人穿着军装和军靴，带着粗糙的玉米饼，甚至有些人几乎什么都没带，步履蹒跚地来参加大会。

最严肃的提案来自于大阪地区的世界语者：他们提议世界语界应追究战争责任，追究那些实施镇压、与军国主义合作的责任。这一提案是由大阪市的一些进步世界语者在信中提出的，栗栖继在大阪有着领导地位。这一建议当然是正确的，甚至是很正确的，但最终被否决。“虽然这一提案是值得支持的，但是并不太现实，因为提案者不在现场，我在说明

这个提案后，大会决定不接受这个提案，而且在世界语大会上讨论此事不合适。”(小坂语)

该提案“值得支持”却“不合适”？在反对者当中没人能理解这话中的矛盾。但是相反，人们很容易看出，小坂和他的追随者没有弄清日本世界语界的责任。日本世界语界全部或部分地参与了对世界的伤害，以及之前对我们这个国家的伤害，即使是被迫的，即使小坂在前面提到他的双手没有沾满鲜血。他的这种态度也在其战后的诗歌“疯狂武士切腹自尽”中显而易见。诗中，他将战争责任完全推卸给欧美帝国主义，而以不可避免的“自卫”为借口为日本洗脱罪名。

在下一届日本世界语大会上，来自大阪的西冈知男重新提到此事，三宅以第一次大会的决议为由，拒绝讨论此事，但三宅和多罗尾一郎在第一次大会上公开检讨了自己在战争中的错误。

日本几乎每一个世界语者，包括笔者在内，或多或少对侵略战争负有责任。首先一些人积极参加了战争正义性的宣传，其次有些人是消极的认可，最后更多的人在无能为力的情况下放弃了抵制战争。最后一些人也同前面的一样，不能摆脱责任。大家知道，惩罚战犯是占领军和盟军——进步的阵营来完成的，也是潮流，因此很多人厌恶此建议，甚至也包括建议者自己。他们希望其他成员能揭发此事，但是没有考虑到建议本身。

三、新的日本世界语协会

第33届日本世界语大会于1946年6月23日在东京帝国大学文学院举行，经过多次讨论之后，决定建立新的组织——日本世界语协会。

“日本世界语学会与日本世界语协会的宗旨不同。日本世界语学会集中力量开展世界语研究，日本世界语协会希望运动向更宽领域发展。”（大岛义夫语）人们决定将两者的任务分开：日本世界语学会负责世界语教育与研究工作，日本世界语协会负责组织和宣传工作。

我们今后会看到，这样的分工会阻碍日本世界语协会活动的开展，最终导致其流产，因为这种分工将密不可分的事业分开是毫无意义的。

日本世界语协会开始正式运作，秋田雨雀为理事长，三石清为秘书长。日本世界语协会开始出版机关刊物《新前线》，由中垣担任编辑，第一次油印，然后是印刷出版。不难看出，这个协会还是由前日本普罗世界语同盟的成员以及支持者领导，尽管越来越多当地的群体中不是只有激进分子。

一个非常奇怪的现象是，日本世界语学会及学会的主任三宅是这个新组织的推动者之一，在每个人看来，他们应该反对激进路线。现在我们应该说，日本世界语协会的建立是依赖于两个不同的观点。首先当然是前日本普罗世界语同盟成员的观点，他们想在文化运动骤起的风潮中，尤其紧跟日本民主文化联合会的步伐，重新赋予心中的幻想生命力。

日本民主文化联合会曾是共产党领导下的日本普罗文化联盟的翻版。另一个观点来自日本世界语学会及其主任:要保证日本世界语学会不被文化浪潮吞没,还要将日本世界语协会作为防波堤。

日本世界语协会开始正常工作,特别是在东京,开展积极的宣传工作,参加了产业工人工会大会并与工会一起组织工人世界语讲习班,当时工会是积极进步的产业工人社团。随后大阪、京都及很多其他城市也有热情的世界语者,他们在世界语中看到了国际主义,以及与其紧密相连的共产主义。但是他们还不知道,在苏联,斯大林政权早就扼杀了世界语运动。新村出之子新村猛在京都建立了私立人文学校,在曾经跟黑板胜美学习世界语的著名历史学家羽仁五郎的推介下,该校把世界语作为选修课列为教学课程,栗栖继作为该校首任世界语教师教授了世界语,之后的世界语教师是该校学习世界语的学生佐佐木时雄。可惜学校因为资金问题没有持续下去,但是培养出一批积极世界语者,他们是竹内义一、川野邦造、北悟里以及后文将提到的吉田九洲穗。

栗栖继和西冈在大阪建立了工人世界语会开办讲习班,组织社团活动。经过一些毫无结果的努力之后,两人终于获得了工人世界语会的领导权。在这之前,协会一直由近胜静太郎、池川清等人领导。但是在第二次合并时,这个协会成为日本世界语协会较活跃的下属机构,是关西世界语运动有力的推动者之一。

哈佛大学的几名教授编著的《日本红旗》一书提到:“早

在 8 月 16 日，在东北省有人被怀疑是共产党而被逮捕……一周后，好似共产主义者世界语运动又活跃起来，到处散发带有革命言论的传单。”这是否暗指日本世界语协会或者上文提到的地区？日文版的文章并没有给出足够的注释，但是这一行动应该支持了日本世界语协会的活动。

值得注意的是，日共中央出版了从世界语版翻译的格奥尔基·季米特洛夫的著作《工人阶级反对法西斯主义》《人民战线战术的几个问题》，日语翻译者是河合勇吉，他从“黑暗的底谷”时期就开始这项翻译工作。宣传部部长河合勇吉也对世界语作出预言，译作发行于 1947 年。

依照坂井松太郎的提议，科学书店在《共产党宣言》百年纪念之际，胶版印刷出版了《共产党宣言》世界语版，以及其他几个语种版本。

1947 年，世界工人联合会联盟代表团访问日本。接待委员会准备了世界语标语“欢迎！”“全世界无产者联合起来！”，他们当时还不知道苏联对世界语运动的打击迫害。

许多写着世界语标题的杂志重新出现在市面上，如《人民前线》《新日本文学》《大剧院》等，就像 20 世纪 30 年代那样。

四、大量的出版物

创作和出版活动总是跟随世界语运动繁荣而兴起，但是资金困难不能出版新书，随着需求量的增加和连年的通货膨胀，日本世界语学会的全部库存图书被销售一空，就连商店里的诗歌当时也卖了出去。

1946年，铁路教科书股份公司在井上万寿藏的努力下，利用日本世界语学会的版权将《新编世日词典》重印出版。那时日本世界语学会的书因资金问题不能再版。井上万寿藏是日本世界语学会理事会的理事，也是铁路界杰出人士。在大阪，信奉天主教的世界语者松原八郎大量出版很多关于川崎和小阪的宣传册，其中最有名的是川崎修改后出版的柴门霍夫著作中的《合成词词典》。1949年，松原同样用日本世界语学会的版权出版了冈本编著的入门课本，日本世界语学会因上述原因没能出版。大岛义夫热心于创作并出版了《世界语会话》和《世界语课本》。中垣也与他合作再版了他的《丰收季节里的饥荒》和《世界语教材》。日本世界语学会出版了三宅翻译的《来自磨坊的信》第一部。

五、《电闪雷鸣》(*Pikka Dong*)

日本世界语者第一次反对核武器抗议活动是由日本世界语协会发起的。日本世界语协会大量出版发行了中平孔三翻译的《电闪雷鸣》(*Pikka Dong*)。而这个小册子的世界语文字是丸木位里和赤松俊子完成的(不要将它与世界闻名的"原子弹"图片混淆)。日本世界语协会和世界语之友会(在日本世界语协会解散之后福田正男建立起来的组织)出版过多次，有人将出版物寄到海外，引起了巨大轰动。

六、向联合国递交请愿书

1948 年，日本世界语协会向联合国递交请愿书建议采用世界语，活动取得了成功，而日本世界语学会早就将这个任务承揽下来，并第一个作出过请愿的决定，但仅仅是决定而已。不过，人们注意到，大部分请愿书是由有重要地位的财团和其他进步团体联合签名。其实质是反对日本世界语学会，并与日本世界语协会友好合作，尽管在此期间日本世界语协会开始衰落。

七、栗栖继所做的工作

当时，最引人注目的工作是栗栖继所开展的。在战争期间，下村茅司、千布利雄、福田国太郎等优秀的世界语者与世长辞，当时的世界语文学创作工作几乎是栗栖继自己在做。他译了很多革命文学作品，在《国际文化》或者《文学世界》刊物上发表。全世界无民族协会同意出版他翻译的小林多喜二的《蟹工船》，作者小林多喜二后来被警察谋杀。尽管他的作品带有“柴门霍夫风格”，但是由于资金问题，也没有一丝出版的希望。在大阪时，栗栖继在占领军刚刚允许国际通信的时候，就竭力开始与欧洲的世界语者通信，尤其是与捷克朋友们和中国人通信。这种通信活动使他成为知名的捷克文学的翻译家，同时他也译了一些日本文学作品在捷克发表。他把《无言的障碍》《来自刑场的报告》由捷克语翻译成世界语，后来他还翻译了《勇敢的史万耶克》等其他作品。几年之后，他去了布拉格，在大学里教日语。

栗栖继是一个精力充沛的信友，他把他和世界语者通信的信件编辑成两本书《同一个太阳照亮世界》和《世界之声》，分别由北大路书房和三一书房出版，这两本书都给世界语通信工作带来启发。

然而，栗栖继经过长期思想斗争后便离开了世界语界，而专门研究捷克文学，可能因为世界语文学本身量少且水平不高，也可能受直接从母语翻译文学作品趋势的影响，也就是世界语养活不了他的家庭，直到 1974 年，栗栖继才重新回到世界语界。

八、社会事件（松川事件）

有一点要注意的是，1949 年世界语者在所谓的“松川事件”中做的工作。

有人破坏了东北省火车嫁祸于共产党。经过长期的诉讼之后，被告人终于被无罪释放，现在可以相信，这个“松川事件”是美国特务干的，他们想陷害共产党。

1950 年，以布达·鲁道夫(Burda Rudolf)为首的捷克世界语者发起募捐资助日本进步人士，给各界人士送来一定数量的生活物资。国家救助会（某种意义上讲，是红色救助会重生）将这些物资从接收者手里收集起来，连同布达的信，分发给“松川事件”中的难民。

由贯名义隆、宫本正男和北悟里共同创办的一本小刊物《来自日本》，坚持控诉松川事件，并单独出版赤田义久写的有关事件的16页小册子。

这一行动现在仍被记载在该事件相关文献中。

九、大本教的复兴

1951年，大本教重新兴起。中村田鹤雄作为编辑，重新发行世界著名的《大本教》杂志。一段时间里，尤其是20世纪50年代初，它曾一度比任何世界语组织都积极上进、热爱和平。中村一直呼吁反对核武器，维护世界和平与正义。他的行为如此强烈以至于国外的世界语者很容易相信大本教教派是“赤色的”，大本教就代表日本的宗教。

大本教庞大的资金预算（与其他世界语组织相比）投入到如火如荼的宣传当中，而且不像以前那样，总是带着宗教沙文主义和宗派主义色彩，现在更加博爱、高效、富有活力。他们不将自己的信仰强加于人，也不像鹦鹉那样诵经诵文，看起来像个世界语组织。因此，大本教在日本世界语界取得一席之地，与国际世界语运动保持了积极的联系，为日本世界语运动作出了贡献，而日本世界语学会和其他组织几乎都忽视了这一点。

然而，大本教的行为，尤其是前十几年，变得越来越保守，现在我们从它的机关刊物上，除了关于世界公民或者世界联盟外，找不到任何呼吁世界和平的内容了，如果我们把他们定义为和平运动的话。

十、日本世界语协会的衰亡

占领军和日本共产党的“蜜月”关系没有持续多久。

1950 年 1 月 1 日，麦克阿瑟发表消息称，日本宪法没有否定日本拥有自卫权，于是他又制订了第二条路线：重新武装日本。同月 6 日，共产国际批评日本共产党的观点，他们相信以野坂参三为首的领导人，忽视了占领军的反动角色，占领军的核心就是镇压，不带有丝毫的“解放”意图。因此，共产党暂停了工作，分歧开始产生，之后被分成两个派系，在十几年中越演越烈。这种分歧导致世界语者中也有不和谐的声音。

6 月 25 日，朝鲜战争爆发，美国从日本驻军基地出兵进入韩国。

7 月 24 日，根据麦克阿瑟和其参谋的建议，对主要行业实施“红色分子大清洗”。首先是主流媒体的记者，之后是国家行业组织。最大的财团法人劳动工会开始衰退，紧接着越来越多或多或少与政党有关的文化组织，由于前面提到的分歧，加速衰落的步伐，也包括日本世界语协会。《新前线》中没有详细的报道，但是我们能体会出，至少在大阪，除了大学里几个社团，依然保持着最强的反抗力量之外，企业中的社团都因为劳动力的损失而消亡。大概全国都是这个类似的现象。

就在这个 7 月，在横滨举行了第 37 届日本世界语大会。但是由于参会者没有到法定人数，日本世界语协会全体座谈会夭折。当然值得注意的是，人们考虑到美军的意见，拒绝了“捍卫和平”的提议。

在这样的形势下，日本世界语协会无所作为。当它准备为重新建立组织而奋斗时，日本世界语学会提出这样的要求：日本世界语协会必须从日本世界语学会的办公处搬离。这一打击对日本世界语协会来说是致命的。（事实上，如果有世界语者们坚定的支持，这就是无所谓的事！）早前代替三石担任主席的秘书长福田正男，给每位委员下达通知：难道日本世界语协会要自生自灭吗？有人通过“纸上会议”的方式接受了建议，但是在同年 12 月 4 日就被废止。

十一、为什么

人们对日本世界语协会的解散观点不一，现在当事人也未得出结论，但是如果笔者是当时委员会的核心成员，会将原因分列如下：

1. 日本世界语协会除了在几个大城市，并没有在世界语者中建立自己的基础。

2. 激进主义行动，更准确地说是激进主义言辞，完全脱离整个运动的现实。

3. 日本世界语协会和日本世界语学会之间糟糕的分工。

4. 领导班子瞎指挥。

5. 日本世界语学会捣鬼。他们就是“同床异梦”，因此，当社会转变立场之后，日本世界语学会以及领导们也见风使舵。例如，我们可以这样说，如果“民主文化运动”浪潮退去，日本世界语学会还需要它的防波堤来抵挡洪流吗？

第六章　走向新时代

一、关西世界语联盟和东海世界语联盟的成立

从 1950 年 1 月 1 日开始，日本世界语协会大阪支部就向关西地区即大阪、京都、神户等周边城市的世界语者们呼吁建立地区世界语组织。大阪支部看到日本世界语协会的无所事事，想改变目前的状况。1924 年建立的九州世界语联盟，以秘书长市梅原喜的名义发出倡议，号召日本世界语者们自己建立由各地区协会和世界语小组共同组成的国家协会，从而来加强世界语工作，并且日本世界语学会也要成为名副其实的学术研究机构。

1951 年，日本世界语协会正式解体，大阪、京都和神户等地区世界语组织的代表在大阪聚会研究对策，他们首先决定建立新的“关西世界语同盟”，现在已经更名为“关西世界语联盟”。第一次座谈会在 3 月 20 日召开。联盟会刊《运动》也在同年的 4 月份开始出版发行，它先刻板印刷发行（350 份），然后才排版印刷发行。儿岛壮一、贯名义隆以及吴野四郎等人参与了编辑发行工作。

1952年4月6日，在梶弘和和丹羽正久等人的努力下，东海世界语联盟接着就成立了，该联盟决定与关西世界语联盟协办《运动》刊物。多年以后九州—四国世界语联盟也效仿东海世界语联盟与关西世界语联盟协办《运动》刊物，九州—四国世界语联盟是由川村信一郎、矶谷昭一、木下忠三和吉川庄一等人创建的。从某种意义上来说，关西世界语联盟建立的同时，日本世界语运动中心也转移到了关西地区，至少当时几年一直是这样的。不久，日本世界语学会也开始显得懒散了。关西世界语联盟只在它的“地盘”里开始积极的工作，举办世界语学习班：奈良、尼崎、二宫、丰中、大阪、吹田、高槻、枚方、茨城、坂井、神户、京都、宇治、明石、姬路及和歌山等地都举办过世界语班，学习班是从联盟成立的当年夏季开始的，到极其困难条件下停办。坂本昭二积极热情地为关西世界语联盟编写教材，出色地完成了培训工作。

二、《原爆之子》

关西世界语联盟第一个组织工作就是明确了争取和平的工作如下：在京都大学世界语小组的鼓励下，京都大学大学生世界语组织出版了丸木位里和赤松俊子的《原子弹绘画》系列明信片，引起了巨大的轰动。

关西世界语联盟已经有经验搜集出版翻译作品《听，大洋的声音！》和在战争中死去学生的遗作。1951年8月，世界语者们也发出了这样的倡议，共同翻译出版《原爆之子》，响应之声出乎意料，许多团体表示愿意合作。世界语者们研究了发到手中的《原爆之子》的文章，并且一起努力将这本书翻译出来，为了将这本书顺利出版，世界语者们还在世界语圈外进行募捐。妇女民主俱乐部等有进步思想的社团以及对世界语支持的组织都争先恐后地捐款。最知名的大法官、中学校长末川博博士等人为促成这本书的出版而省吃俭用。由此人们也建立了日本世界语图书合作社，作为关西世界语联盟的分支机构。1952 年，世界语者们终于成功地出版了《原爆之子》，这本书在世界各国引起了巨大的反响。

接下来，关西联盟和东海世界语联盟等世界语组织纷纷投入到反战运动中去。1954 年出版的《基地之子》以及 1955 年出版的《死亡的土地》就是反战的成果。尤其是为了第一部作品的出版，许多工会联盟都给予经济方面的支持。第二部作品出版经历有所不同。在 1954 年 3 月，一条名为“福龙丸第 5 号”的渔船在它所处的海域受到辐射危害，这件事与美国军队所做的氢弹实验有关，这艘船上的船员久保山也因受到氢弹的毒气伤害而死亡了，因此全国无比愤慨地抗议美国的野蛮行为。第 41 届日本世界语大会上，与会人员从世界语和平理念出发，一致作出决议，抗议并组织反对氢弹实验，为此专门成立了工作委员会，单独出版世界语宣传小册子。来自东海世界语联盟的川村信一郎担任委员会的主席，关西世界语联盟作为核心机关开始这方面的工作。因此世界语者们能读到原创的世界语小册子，从表面上来看，它象征着日本世界语界的全面发展。

三、梶弘和田中

梶弘和他经营的世界语研究社再次活跃起来。除了《傻瓜伊凡》和不尽如人意的《世界语歌曲集》出版之外，世界语研究社还出版了《我们无法沉默》，这本书的目的同样是反对核武器，小林司等人也参加了这个工作。

引人注目的是田中贞美所做的工作，当时田中住在第一颗原子弹爆炸的广岛，田中翻译了小仓丰文教授的《和妻子的尸体在一起》一书，这本书于 1954 年在日本世界语图书合作社出版。该书被翻译成德语、保加利亚语、匈牙利语、波兰语、捷克语、越南语等，匈牙利和平理事会特别赞扬和表彰了这本书的作者以及翻译者。这本书通过世界语推广发行了几千册，我们相信目前为止没有一本和平书籍获得过这样的成功。

四、《卡帕和其他故事》和《科学技术专业术语》

那么日本世界语学会不能再无所作为了。学会重新启动上文提到的阿·道德特(A. Daudet)的《来自磨坊的信》的出版工作。日本世界语学会最重要的出版成果就是野岛安太郎翻译的芥川龙之介作品《卡帕和其他故事》，同时还有哈费龙恩(R. Haferorn)的《科学技术专业术语》等书。

1956 年，日本世界语者召开了日本世界语运动 25 周年庆典大会，组织了全国性的纪念活动，可以说这次大会是最成熟和最成功的大会之一。日本世界语学会重新获得了信任。大会委员会以庆典大会为契机出版了一些有用的文献，如医学、科学、文学的世界语译著等，还出版了小坂用日语编写的《日本世界语运动史料》。

五、天母学院

名为天祖光教的小宗教团体的领导人之一松原言登彦是一位老世界语者，曾经是下村茅司的同事，在 1954 年，松原通过自己的天母学院出版社在世界语界崭露头角。其中，出自小坂之笔的《世界语韵律》（日语版）和《源自东方芙罗拉花圃》（日语和世界语版）、名古屋世界语会编纂的《日本歌曲集》（事实上是由矶部晶策编纂的）以及《日本童话》《捷克童话》《日本往事》等系列作品都是由天母学院出版的。除此之外，松原本人编写的几种课本以及十多张世界语唱片都是由他的出版社出版的。在 1967 年，它还出版了松葉菊延的《60 首日本传统民歌》。

山鹿泰治，一名元老级无政府主义的世界语者。他在京都的家里安上了一台小型的印刷机，并且在青年世界语者的协助下印刷世界语图书《时的福音》。他曾因出版《时的福音》和其他无政府主义文学作品而饱受牢狱之苦。

竹花念一、山本达雄和宫本正雄在关西世界语联盟的办公室里也安装了一个同样的印刷机，印刷、出版世界语图书。这些图书中最出色的作品就是西村正雄的诗集《高山火绒草》，他的表姐长谷川照子（绿川英子）的《在战斗的中国》已经是第二次在这里印刷出版，第一版是在中国的战时首都重庆出版的。

宫本正男以大量的出版物对世界语运动作出了贡献，其中最大的工作就是再版了埃克莱尔出版社出版的《列宁主义原理》一书，还有三本《绿川英子文集》。

六、《世界之子》

在世界语者的帮助下，伊东三郎和坂井松太郎共同发起编辑《世界之子》系列图书，大出版社平凡社接受了这个出版任务。也许出版社是受到相同的《日本之子》系列丛书成功的案例的鼓舞才接受《世界之子》图书的出版任务。伊东和栗栖继等世界语者受出版社委托于 1953 年开始进行这项工作。伊东和栗栖继广泛寄发了翻译成世界语的《日本之子》样本、宣传单、策划方案和信件，以征得国际世界语界与日本世界语者的合作。然而，事情进展得不太顺利，因为他们沉浸于建立国际儿童协会的喜悦中，实际的工作仍没有开展。平凡社儿童部部长吉田九洲穗曾在京都的人道主义者学校学过世界语，他只有自己亲自全权负责此项工作。他解聘了一些无法胜任此项工作的人，又选聘了一些实践能力强的世界语者，如中垣、坂井和福田。另一个失算就是这些人的作品都是现实主义的，而日本的现实主义作品在世界各地不存在一样，如著名的苏联文学家鲍里斯·马沙克《喧闹的森林》的作者给编辑写信说，这项工作是非常值得做的，但是他认为马上用这个方法对苏联儿童进行全面教育是危险的。很明显的事实就是儿童所做的现实主义的作品是那些有良知和责任感的日本教师引导学生来完成的，他们不顾军国主义思想以及政府压制，这是其他国家根本不知道的情况。那样人们应该通过这件事来开始让别人了解教育的意义，因此如果只是通过这项事业，是无法强调这项工作的意义的。

除此之外，国际合作者的缺乏经验、误解或者其他障碍都会使这项事业变得艰巨起来，只有法国、德国、斯勘迪纳维亚、南欧、东欧卷看见一些有实践能力的世界语者的合作，但是其他国家卷世界语者的投稿不多，除了中国人用图画投稿以外。

尽管编辑或主管对于这样的事业没有足够的认识，但是这项工作还是一个里程碑。

七、《爱罗先珂全集》与日本世界语者妇女协会

多亏高杉一郎的努力，曾经用日语创作的盲诗人的三卷传记文学作品于 1959 年出版。他们有爱罗先珂的全部作品以及关于他的资料，是真正研究这位盲诗人的先驱。高杉的研究范围很广，甚至在爱罗先珂的祖国都没有人研究到如此程度。1974 年，同一家出版社再版了第一批的两册《爱罗先珂全集》。

1953 年，北悟里等人建立了独立的日本世界语者妇女协会，并且第一个出版了《月亮公主》《纺织女工的生活日记》以及世界语者们合作完成的《日本的贞洁》。他们像关西世界语联盟组织一样，没有忘记世界语的社会责任。

八、电影《约翰的突击》

1958 年，当关西世界语联盟在京都召开大会时，汤川秀树作了报告，诺贝尔奖获得者梅棹忠夫向关西世界语联盟的秘书长建议派某个世界语者去拍片地，以便协助电影《约翰的突击》的拍摄，这部电影是由优秀艺术家伊藤大佑导演的。关西世界语联盟赞同这个建议，并且派藤本达生去了影片拍摄地。在他工作的两个月里，藤本把世界语课文给了演员市川雷藏、山村聪等其他人并教他们如何发音。这部电影的历史起源于葡萄牙中世纪下层奴隶贩运船，日本的基督教徒约翰·阿里玛袭击了这条船，并且释放了这条船上的奴隶。因为对于突然袭击有种恐惧感，人们把那个地方叫作伊伯利亚，伊伯利亚的国语就是世界语，那条船叫作“上帝之母”。无论愿意不愿意，一些演员都要讲我们的语言——世界语。

九、东京国际世界语大会前的出版物

自从战争之前一些商业性出版社对我们的语言表现出了兴趣，许多书店，尤其是有上进心或者责任感的小书店针对世界语初学者出版了一些世界语读物，或使用世界语出版作品。

尤其是决定在东京召开国际世界语大会时，这些商业性出版社的兴趣更大了。

1950 年，伊东三郎的《世界语之父》在岩波书店出版了。

大学书林出版了大岛义夫主编的《4 周的世界语》，这本书取代了去世的小野田幸雄、三宅的《世界语》，宫本正男的《简易读物》以及川崎的《世界语基础》。这个出版社还在1957年出版了《日世对话练习》，1958年出版了三宅的《世界语基础1500句》，1970年出版了宫本正男编纂的《世界语词典》，在一些有良心的世界语者中留下了一些质疑——为什么宫本正男要在商业性的出版社出版他的作品？

角川理论社出版了梅棹和藤本新翻译的《柴门霍夫的一生》和由大岛义夫和小林司翻译的《世界语史》。日本世界语学会出版了川崎审定、贯名义隆和宫本正男编辑完善、增添词汇的《新日世词典》。因为老词典中的一些词已经过时，特别是战后的日语本身词汇也发生了很大变化。

由宫本翻译的野岛、中村、松叶等人编辑的《森欧外故事》被作为国际世界语协会东西方系列文化丛书于1962年出版。这本书是在国际著名世界语者迪波尔·塞凯伊(Tibor Sekelj)的启发下完成的，他到处传播赞美与评论这本书。

这里也有必要提到1965年出版的宫本正男和中村田鹤雄编辑的《日本杂文集》。在全面介绍日本原创文学的同时，在当时日本世界语水平不高的情况下展示了他们俩的成功。

堀正一的《友谊的缠绕》、西成甫的《我们的身体》和加藤静一的《眼科教程》都是世界语在科学领域的成果。

而当时最重要的成果似乎应该是宫本正男和石黑彰彦编辑的《日本文选》，共入编20名日本作家的作品，尽管只是散文，但也推介了日本文学。

十、从理想的语言走向现实

1960 年召开的日本世界语大会正式决定邀请国际世界语大会在东京召开时，在某种意义上来说日本世界语运动开始复苏。1961 年，日本世界语学会举办了世界语强化培训班，名曰“纪律教育”。从那时开始到现在，几乎一年四季各地都举行了“合宿”活动。不管是时尚还是赶时髦，至少满足了一些年轻人的愿望，他们不只是为了学习世界语。

从那时的国际世界语大会开始，日本世界语运动中出现了另一现象，这个现象越来越多地改变了日本世界语运动的性质，似乎转向一个新时代：对抗强权变得徒劳无益，只得把内在理想“蜗居”起来，世界语的氛围越来越弱了，新的思想主导着世界语运动，就是愉快自如地使用世界语与外国人开展自由交流活动，甚至跨国结婚。因此世界语成为现实的语言而不是理想，关于这个问题将在后面的章节中提到。

十一、第一个国际语法家

战前高桥运展示了他与柏奈曼(P. Bennemann)争论世界语语法的研究(1936 年第二版《语法大全》前言)，但受战后的通货膨胀的影响，他没有继续这个研究。

中村田鹤雄在“被动态现在时和过去时”国际语法争论中登台。依据他“过去式主张者的观点”，他在日本《大本教》杂志上发表了大师级的论文，引起了国际世界语界的关注。是的，在国际上，当时我们的语法专家像千步、小坂、川崎和其他人几乎都是用日语撰写论文，他打破了这个传统用世界语撰写。

在他的《柴门霍夫的世界语》一书和1964年出版的《日本世界语运动小百科全书》中可以看出他的才能，尽管还有许多不尽如人意之处，特别是他的“大本教”派的特征。他在1965年翻译的《茶道》似乎没有成功，依据商业的观点是内容太难，因为懒惰和愚钝的欧洲人看不懂，也许是因为他们的傲慢不屑学习东方文化。

十二、海盗和宇宙

胜城谦三在大阪创办了自己的企业——海盗书店。自1965年起，他开始积极工作，就像郝本特哈尔（Haupenthal）一样专注于《世界语图书学导论》一书。1965年出版了中岛、宫本的《毅力》，1964年出版了野村礼兵卫的《世界语例句小词典》，1966年出版了市原和宫本的《好色五女人》，1967年出版了德米迪尤克（Demidjuk）翻译的列宁《国家与革命》（全世界无民族协会再版），1967年出版了德雷仁的《世界共通语史》（埃克莱尔版本），1968年出版了谷崎润一郎作、宫本正男和石黑彰彦翻译的《春琴的生活点滴》，1970出版了卡洛查的《语言形式风格》和尤里・巴基的《秋叶》以及上山政夫翻译的《青铜的基督》。

广濑春夫在大阪也创办了一家经营性的企业——宇宙公司，出版了前面提到的中村等人的作品。

这是一个了不起的工作，可以断定企业本身有相当多的工作，几乎都是由个人来完成，而出版物的发行量不可能很大。

十三、世界语之旅

大本教的创始人出口王仁三郎的孙子出口京太郎在参加 1963 年国际世界语大会后，继 1964 年石黑美子在最大的报纸《读卖新闻》发表了《希望者的世界》，于 1965 年发表了《世界语之旅》的文章。这篇文章于 1968 年被兰博（M. A. L. Lamb）翻译成英文再次在该报纸发表，带来了很大影响并得到了大本教的支持。

十四、《普罗米修斯》和《公共汽车》

1956 年，宫本和其他人一起创办了影印版独立杂志《普罗米修斯》，但是经费困难，没能持续出版。四年只出版了 6 期，但得到了很多人的赞扬。这个杂志发表的石黑彰彦的《艺伎和五兵卫》话剧，由塞德尔（Salder）和其他人在哈罗盖特（Harogate）演出。

而由齐胜在京都创办的世界语杂志《公共汽车》获得了成功，在老乘务员的带动下，这个“公共汽车”顺利启动了，但旅途也很艰难。不像人们所说的那样神乎其神，这本杂志也只出了 66 期。它还出了几本书，有林斯（U. Lins）的《危险的语言》，有上山政夫的《啄木星和歌集》以及他的幽默故事集《请原谅》。

十五、东京国际世界语大会

现在细致评论东京国际世界语大会还为时尚早，因为很多人会把注意力转向这个会议，认为它是日本或者说世界最大的世界语活动，的确，没有任何人怀疑，没有任何人对大会的作用提出疑问。对大会的组织者八木日出雄及其他大会工作者来说，这是无上的光荣。

我们所要提出的是会后有很多的大会工作人员有怨言，首先是地方组织委员会和大会秘书之间的协调不力，高·鲍姆皮里欧(G. Pompilio)是国际世协代表中独断专行的人，他的行为引起了很多人的不满，干得越多，埋怨就越多，这种不满早在大会以前就已经显露出来。关西世界语联盟在龟冈市举办的秋季文化节上表演了即席戏剧《法院里的蝴蝶》(蝴蝶的后三个音节的世界语发音就是“皮里欧”)，这个剧是模仿诺贝尔奖获得者朝永振一郎的《法院的量子》而编写的。

但是最大的事还是在大会会场发生的，国际世界语协会的官员把将要送给越南世界语者的绿星旗没收了，由比忠之进、河合日出雄和其他人把绿星旗放在报到处征求自愿者签名。他们天真地相信国际世界语协会是和平之友。鲍姆皮里欧却没收了绿星旗，国际世界语协会的领导成员支持没收绿星旗，世界保卫和平世界语协会的主席诺·夫·阿莱克斯(N. V. Aleksier)没有表态，这是对日本法律及主权的践踏。

在以后几年的日本世界语大会上，经过长期讨论作出决议:向国际世界语协会要回绿星旗,并以会长的名义向国际世界语协会提出抗议。国际世界语协会主席伊万·拉本纳(Ivo Lapenna)回复说国际世协对绿星旗进行赔偿。这种行为是否来自国际法的研究者?但是,世界保卫和平世界语协会的日本分会软弱的领导们还是沉默了。

作为大会后的系列活动,关西世界语组织联盟青年部在琵琶湖畔的大津市承办了第 21 届国际青年世界语大会,来自世界各国的 248 名代表参加了会议。大会以后大本教在龟冈地区成功举办了国际和歌节。

笔者仍然要提一提国际世界语大会的另一个失误:去广岛的代表很少,这本身并不是一个什么大问题,但问题是,它最初并没有安排其领导成员去广岛。在大家一致请求下,只有一位副主席去了广岛,在日本公众面前向原子弹爆炸纪念碑献了花,表明国际世协是爱好和平的。

大会以后,地方组织委员会委员之一福本正男在《运动》上发表了《打倒鹿特丹的帝国主义》的文章。

十六、新芽

东京国际世界语大会证明:世界语不但是理想,而且还是现实生活中应用的语言,日本人也可以用世界语自由交流,尽管其母语日语与欧洲语言在语言结构上相差甚远。

笔者提到日本世界语运动的基础,而现在增加了新的要素,那就是语言的生命力。

基于经济繁荣迹象或者说美国的生活方式带来的旅游

热给日本世界语运动带来新的巨浪，自那次国际世界语大会以后，每次国际世界语大会都有不少日本人参加，不仅有初学者，而且还有老世界语者。这种较早在欧洲形成的参加国际盛会的现象已经是司空见惯，没有什么可责备的，笔者也不再窥视。鹦鹉不能代表人类说话，尽管种族主义者在世界各地横行，他们也无法阻挡人类的进步，他们住口吧！

十七、世界语文学界的日本派和其他

在东京世界语大会文艺竞赛中，宫本正男、上山正男、黑田正幸和小西岳取得了好成绩，在世界语文学界受到苏格兰派威廉·奥尔德(W. Auld)排挤的日本派登上国际世界语文学舞台，特别是原创作品。由宫本、上山、田中贞美、富田富、村田庆之助和山田天风(弘)等人发起的俳句诗人会崭露头角，连续7年每年编辑出版一本文集。1972年首次出版的《日本派之邀》诗集登上国际舞台，随后出版了上山的诗集，黑田正幸也在这一文学领域耕耘着，特别是在和歌创作方面。

谈到散文，我们已经提到了上山政夫的两部作品。宫本正男于1967年创作的《艺术和死亡》被马奴尔·德·塞阿布拉(Manul de Seabra)翻译成葡萄牙语于1973年在里斯本出版。小西岳坚持不断地翻译诗歌，并且写科学幻想小说。他在1975年第5期《伊甸园—宇宙飞船》上发表的《梦击》被波兰提布莱夫斯基(Tyblewski)介绍到波兰，他还在1971年翻译了世界名著川端康成的《雪国》。

伊胜干治富有活力地用日语写作长篇小说《柴门霍夫》，已经出版到第6卷，还没完。

伊胜已酉三在1966年翻译的《风中的孩子》，非常遗憾没有与读者见面。

一些世界语者以 Ludov：Kito 为笔名长期坚持编辑《柴门霍夫文集》，已经出版了三卷，他们是谁？大家以后可以知道。

十八、学生组织和国际语教育协议会

早在1952年，大学生世界语者们就在京都开会希望成立自己的组织，经过许多曲折以后，由关东、关西和其他地区的大学生发起的日本学生世界语联盟在20世纪50年代中期成立，他们创办了机关刊物《前进》。1957年莫斯科世界青年学生联欢节期间，协会配合这个节日出版了《来自日本学生》一书的单行本，并与其他领域的社团一起带着这本书赴莫斯科参加了联欢节。

但是不久，政治浪潮波及很多进步团体，那就是反对1960年批准的美日安全协定的活动。在这个剧烈的社会动荡中，很多年轻人特别是青年学生感到非常失望，因为以他们的能力不能阻止协议的签订。很多人因协定事件而销声匿迹，一部分人走向托洛茨基革命道路，还有不少人自杀了。日本大学生世界语协会也因这个事件而停止了活动。

1961年，日本学生世界语联盟复会并单独成立了关西学生世界语联盟和关东学生世界语联盟等其他组织，它们并非日本学生世界语联盟的下属，而是相对独立的组织。同时，在全国所有大学“托洛茨基”越来越多。日本大学生世界语运动开始分列为很多派系，他们中开始“内部斗争”，这个斗争也影响了大学世界语者。

另外，我们还应注意到自娱自乐、从不追求物质生活的俱乐部活动，我们的语言也不排除这种俱乐部活动。青年人在一段时间内成为热情的世界语者，成年以后，这种“热度”消退了，他们就转变了，不再热衷于这个“乌托邦”行为。

日本学生世界语联盟游离于这种迷茫之中，鉴于日本学生世界语联盟、关东学生世界语联盟和关西学生世界语联盟太政治化，世界语者们于1966年成立了国际语教育协议会。几年后，这个组织几乎占据了所有大学社团，特别是关西、中四国和九州部分地区，随着国际语教育协议会势力的形成，日本学生世界语国际语联盟便销声匿迹了，关东学生世界语联盟和关西大学生世界语联盟也名存实亡。

国际语教育协议会组织了几次去各地旅行宣传世界语的活动，甚至向成年人宣传世界语，但收效甚微，因为随着时间的延续，这个组织逐渐变成了一个“协调组织”，青年学生贡献不大。

十九、越南和平和由比忠之进

1967年，大阪、东京、名古屋等地爱好和平的世界语者一致同意印制小报，反对美帝国主义入侵越南。他们在大阪成立了保卫越南和平世界语局，并出版《越南和平》小报。

当时的工作人员之一是老世界语者由比忠之进。他当年 11 月 11 日，用汽油自焚以抗议美国侵略越南，抗议在冲绳岛建立美军基地，抗议美国走狗佐藤荣作首相。他选择的抗议方法不妥，我们可以批评他，但是对他来说这是唯一的办法。另一个工作人员就是美籍德国女世界语者阿里克·黑尔兹(Alice Herz)于 1965 年在底特律自焚。

别说全世界，仅日本抗议的火焰就遍及了全国，世界语者们也行动起来了，越南和平局与工会联合在大阪举行了 400 多人参加的抗议游行活动。随后，东京、横滨、福岛、名古屋和新泽也出现了或大或小规模的游行。

福田正男用由比忠之进最后的工资出版了他的作品《原子弹牺牲者》，翻译了他的日记《朝日一周》，以他的真诚打动了社会。宫本翻译了他用世界语写给美国总统约翰逊的抗议信并在当时最有影响的《世界》杂志上公开发表，后来鹤见俊辅把这封抗议信收录到《和平的思想》一书。关西世界语联盟和横滨世界语会联合在国内外世界语界募集资金，向国外世界语者赠寄《原子弹牺牲者》一书。遗憾的是，由于由比忠之进加入日本世界语学会的时间太短以及学会的“中立性”，日本世界语学会没有反应或者不想反应。

次年，为了继承由比忠之进的和平遗愿，小西岳翻译了《巴尔干地区的村庄》一书，由日本世界语书社出版。

二十、越南小册子的翻译

在全世界世界语者面前最值得骄傲的工作之一是日本

世界语者坚持不懈地把越南文学翻译成日语出版，宣传介绍了越南的真实状况。

看下面几个成果：1965 年，星田淳和冈一太翻译了《涂孝姐姐》；1966 年，井出於菟等人翻译了《火光中间》；1967 年，井出於菟和栗田公明翻译了《没有出路》；1968 年，栗田公明翻译了《最后的高原》；1974 年，金泽世界语会妇女部翻译并自费出版了《竹笛》。还有其他一些翻译工作，更不要说在各种期刊上发表的一些小故事了，保卫和平世界语协会的日本会员一直做着这方面的工作。

二十一、反对原子弹和侵略

九州世界语协会在 1973 年首次编辑出版了他们集体的劳动成果——关于广岛原子弹爆炸的图书《她远去到了云里》。池袋世界语会 1974 年翻译并出版了早乙女滕元的《越南大新瓒》。

二十二、与中国世界语者的友谊

经过长时间的努力，1973 年底日本世界语运动终于邀请到叶籁士和另外两位中国世界语者组成中国代表团来日本参加在龟冈举行的全国世界语大会。他以中国人民和中华全国世界语协会的名义向大会表示祝贺，赢得代表们的高呼。苏格兰的威廉·奥尔德和英国、法国、美国、意大利等国的世界语者也参加了大会，是个真正国际氛围的大会。

1974 年，中华全国世界语协会邀请日本世界语者访华，尽管有许多日本世界语者此前到过中国访问,但这次特殊,因为这是首个日本世界语访华团。问田直干、伊藤荣藏、德田六郎、竹中治助、矶部幸子、田中吉利野和村松幸喜参加了访华活动。他们回国后讲述了在中国的所见所闻。宫本正男没能参加这次访华,尽管日本世界语学会和关西世界语联盟强烈推荐他,但因为他同情对华不友好的日本共产党所以被排除在外,川村信一郎单方面拒绝了他。

第七章　目前的状况

东京国际世界语大会以后，日本世界语者的语言水平和会员数量有所提高，但不久就消沉下去，很多人离开了世界语队伍，还有一些人不刻苦学习世界语，因此日本世界语运动不像欧美国家那样坚实。但作为世界的一部分，在日本的一些大城市不时会有一些世界语初级班，多多少少给世界语运动带来些新鲜血液。遗憾的是，在邻国中国、朝鲜、韩国和越南，世界语运动没有群众基础，尽管中国出版了宣传刊物《中国报道》，韩国在艰难的条件下开展活动，像一颗孤独的希望之星。

由比忠之进自焚以后，小坂狷二、伊东和山鹿相继去世。1974 年先后出现了几部重要的激进世界语运动作品，如向井孝撰写的《山鹿泰治的一生和人格魅力》；大岛义夫和宫本正男编著的《日本反帝世界语运动史》和《登高、登高去远方》，后者是纪念伊东三郎的，由各界世界语者合作而成，但作品水平好像不是太高，很遗憾，有些人只是赶时髦。

笔者现在可以遗憾地表明，中立运动没有什么作品，或许因为它的中立性，或许是笔头太懒。

大本教在龟冈第 60 届世界语大会上发行了《大本教世界语运动 50 周年》大事记，资料比较丰富。

东京青年发起再版了《文学世界》全集，对国际世界语运动有着划时代的意义。

对个别世界语活动，笔者不持乐观态度，日本世界语学会和其他社团一样面临经济困难，关西世界语组织联盟因城市规划，不得不搬迁，在大阪以北的丰中市购买了一套住宅作为办公室。尽管办公室比以前好多了，但工作人员和协会工作并不令人满意。大本教世界语宣传会不断坚持活动，特别是最近他们坚持不懈地通过广播征集支持世界语的请愿书，但是像国际世协向教科文组织提交请愿书一样没有了下文。原因只有一个，请愿的人数太少。另一个组织也在积极地开展活动，特别是在大学里，但似乎这个组织也在走下坡路。

以共同编辑出版《运动》刊物加入关西世界语组织联盟的东海世界语协会和九州世界语协会健康地发展，但由于种种原因影响相对较小。日本全国、中四国世界语协会已经销声匿迹。

值得关注的是，东京青年世界语者协会成立，但由于种种原因不久就解散了，现在已经是人去楼空，只有一个书刊服务部。

谈及专业世界语组织，我们首先要提到世界保卫和平世界语协会日本分会和世界语作家协会日本分会，医学和自然科学组织不是太活跃，自然科学组织发出了不少呼吁，用世界语撰写了不少论文，说实话，医学世界语活动是国际医学世界语运动的一支重要力量。

日本有多少世界语者？笔者估计加入世界语组织的至少有 2500 多人，不到 3000 人。

人们总是谈论团结，特别是外国人，但每个组织都有自己的特点，单纯的团结改变不了现状，国际世界语协会和全世界无民族协会可以简单团结在一起吗？如果形势允许，我们会和有能力的世界语组织合作，这才是走向团结一致、和睦共处的第一步。

另外，东京国际世界语大会以后，日本社会已经发生了很大的变化，经济危机笼罩着全国，中国和韩国的全面经济发展遏制了日本在亚洲的垄断地位。这种所谓的经济危机给日本世界语运动带来困难，和其他文化活动一样，因为没有钱不能生存。

忆人篇

中垣虎儿郎——日中世界语者的老师

本篇作者　[日]柴田巌

本篇译者　王束葵

本篇作者简介：柴田巌（1963年7月10日～2010年1月27日），1963年7月10日出生于大阪市，父母是鹿儿岛人。柴田巌先后在池田市五月丘小学、千叶市稻毛第三小学、稻毛中学、市川学园高中就学。

1983年4月，考入广岛大学教育学部教科教育学科国语教育专业；1987 年 4 月，成为亚洲政治经济学会会员。

1988年3月，广岛大学大学院社会科学研究科国际社会学论专业博士课程前期结业，硕士。

1994年7 月，取得广岛大学大学院社会科学研究科国际社会学专业博士课程后期学分，期满结业。

1994年8月～1996年7月，任四川联合大学出国留学预备人员培训部外籍教师；1997年4月，任千叶工业大学工学部专职讲师（后来升为副教授）。

1997年8月1日，结婚，妻子名晚霞。

1999年7月，成为亚洲日中地理学会议会员。

1999年11月，成为日本关西世界语联盟个人会员； 12 月成为日本世界语学会会员。

2010年1月27日，因肺癌长眠。

自1990年始，发表了多篇个人和合著论文，2000年3月～2004年3月在《千叶工业大学研究报告人文编》分四次发表了《中垣虎儿郎——日中世界语者的老师》以及有关中垣虎儿郎的回忆录。

本篇译者简介： 王束葵 （1958年11月～ ）山东省世界语协会副秘书长，曾在国家一级刊物发表过多篇译作。现供职于山东职工对外交流中心。

译者的话

在2010年的仲春，日本世界语者泽谷雄一先生到济南访问，我陪同泽谷先生游览参观。在黑虎泉边、大明湖畔，在小桥流水的街巷、洋溢着百年民俗文化氛围的老街留下了我们的足迹，同时也促进了彼此的相互了解。世界语使我们一见如故，成为朋友。2011年新春，泽谷先生向我推荐了一本书《中垣虎儿郎——日中エスペランチストの师》，并嘱我将其译为中文，以便在中国世界语者中间传读。3月，济南的世界语朋友魏明慧受泽谷先生之托，将《中垣虎儿郎——日中エスペランチストの师》一书交到我手中。经过对该书的反复阅读，一位忠实的世界语传播者和践行者——中垣虎儿郎站立在我的面前。我为他几近苦行僧般的献身世界语的行为所感动；我为该书作者柴田巌先生严谨、翔实的著撰所感动。通过反复阅读，我不仅了解了中垣虎儿郎的事迹，而且对日本世界语运动有了新的认识。这本书不仅是一部人物传记，而且还是一部日本世界语运动简史。在2011年的夏天，我查阅了我国有关中垣虎儿郎先生的资料，我发现在多篇世界语运动回忆文章中都有对中垣虎儿郎先生的褒奖。

我怀着对中垣虎儿郎先生的敬仰,怀着对柴田巌先生的怀念,怀着不负泽谷雄一先生的信任,开始摘译此书。窗外蝉唱不绝于耳,我手中的笔沙沙作响地在纸面上驰走。此时,我的心情很平静。我在与中垣虎儿郎进行着无声交谈。经过为期十余天的专心投入,我完成了对此书的摘译,并且得到了柴田巌先生的遗孀晚霞女士的认可。我深知我的水平有限,未能完全转达原著内容,但是,作为一个中国世界语者,我愿意为中日世界语者加强相互了解付出绵薄之力。如果我的中国世界语朋友们能够通过这本小册子对日本世界语运动、对日本世界语者、对中垣虎儿郎有所了解,我将感到非常高兴,并表示感激。在此,我也向柴田巌、晚霞以及泽谷雄一、吉川奨一等先生表示感谢,是他们向我提供了许多宝贵的资料。

王東葵

2013 年 7 月

引　子

在第二次国共合作时期，国民党统治下的武汉，中国共产党机关报《新华日报》于 1938 年 2 月 6 日刊登了一篇题为《忆中垣君》的署名文章，该文作者就是著名作家叶君健（1914～1999），他当时的笔名是马耳。叶君健曾于 1936 年 8 月至 1937 年 8 月在日本东京留学，他回国后在其编写的随想录中满怀真情地述说了与一位日本人“中垣君”的友情。

众所周知，中日两国因 1937 年 7 月发生的“卢沟桥事变”而爆发了全面战争，该年 12 月南京沦陷。1938 年 2 月发表《忆中垣君》之时，中国举国上下正值“抗日”“反日”高潮。为躲避战火，政府机关、企业和大量的难民从沿海地区向武汉涌入，武汉成为抗战时期中国的“心脏”。在上述情况下，叶君健却描写了与敌对国人的友谊并且得到公开发表，作为“抗战文学”，《忆中垣君》的出现是罕见的，由此可以推测其意图是提倡与特定的日本人进行友好交往。

在《忆中垣君》一文中，通过几件事实和不同一般的记述，反映了叶君健对日本人中垣君的敬佩，以及他们之间的牢固友谊。“中垣君”究竟是何许人？中垣君就是在战前和战后把一生献给了普及和宣传世界语的中垣虎儿郎(1894～1971)。中垣君通过讲座和著书,培养了许多日本世界语者。他对于战前在日本留学的中国世界语者来说是一位恩师,他在战时的中国,作为一位敌国之人却受到中国人的尊敬;在新中国,他又作为日中世界语交流的功臣受到高度赞赏。

译者通过采访,发现中垣虎儿郎与中国留学生的友谊并不亚于藤野严九郎与鲁迅之间的师生之谊。译者通过查找新资料和证人,使名不见经传的“日本世界语界神秘人物”中垣虎儿郎的事迹展现在世人面前,通过中垣虎儿郎战前与在日本的中国留学生的交流,揭示了他与中国世界语者的友好关系。

第一章　生　平

中垣虎儿郎于 1894 年 4 月 20 日出生在日本的熊本县上益城郡乙女村大字津志田(今甲佐町大字津志田),其父是当地津志田普通小学教师。虎儿郎兄妹 8 人,因此他们一家人靠父亲微薄的教员工资过日子,很不宽裕。虎儿郎曾亲口说过:“我家的日子非常困难。”许多与中垣有过面交的人都说他的气质和举止很像古代武士。事实上,中垣在江户时代是肥后(译者注:今日本熊本县一带)藩主细川家的世袭百石武家(译者注:日本战国时期领地的大小一般用粮食的收成计量单位“石”来表示。领地达到 100 万石的话,便可以算得上是真正有实力的将领)。中垣虎儿郎的祖父景澄是有名望的武人,在肥后藩史、近本县史志中都留有记录。在戊辰战争中(译者注:1868 年初,倒幕派在明治天皇的支持下在京都发动政变,实行所谓的“王政复古”,也就是天皇收回统治权)景澄因剿灭上野的彰义队而立功。废藩设县后,景澄虽然解甲归田,但他对明治新政的洋务政策不满,故而投身于志在“攘夷”的敬神党。为了反抗明治政府于 1876 年 3 月颁布的废刀令,他参加了敬神党的“神风帮之乱”(1876 年 10 月 24 日),

率领一队人马袭击了步兵 13 联队长的住宅，被熊本县城的官军乱枪射死。“尽武志效忠国家，唯有神知。”虽然景澄去世了，可是虎儿郎在幼年时就在祖父的墓前发誓“要做一个像祖父那样的人”。景澄毕生不唯“右”或“左”，反抗政府的志向对中垣的人生道路产生了一定的影响。

中垣长大后，进入了熊本县名校——县立济济黉中学（现在的县立济济黉高等中学），此时他寄宿在亲戚家，一边上学，一边晚上去熊本新闻社打工。他最初接触世界语就是在县立济济黉中学就读期间，他对初次接触世界语的兴奋作了如下回忆：

> 具体时间我已记不清了，我想大概是在初中二年级的暑假。在广岛商船学校（现在的广岛商船高等专科学校）上学的哥哥，毕业前的一次乘船回家时，我发现在他的行李中有一本书名很奇怪的小册子《世界语》。我当时是个充满幻想的少年，觉得“世界语”这个词很有意思。我在此之前从未听说过世界语，由于对它完全没有概念，所以“世界语”这个标题令我耳目一新，非常刺激。我幻想着用这种语言周游世界。

中垣手中的这本《世界语》是二叶亭四迷编写的《世界语》（日本彩云阁 1906 年初刊）。二叶亭四迷作为日本近代文学的创建者之一，享有极高的威望。他还编写了日本最早的世界语入门教材，是日本世界语界的创始人之一。

中垣痴迷于世界语，与这本教材形影不离。但是，这本世界语教材对还是中学生的他来说仍有点晦涩，不知从何时起他渐渐地疏远了世界语。就是这段少年时代埋头于世界语的短暂体验，对他今后的人生道路产生了巨大影响。

中垣对学校开设的课程虽然不是很热情，但他本质上是个有着强烈的求知愿望的少年，就像他学世界语一样。中学时他非常喜欢文学和哲学。他希望能够升入更高层次的学校学习，但由于家庭经济条件不允许，他不得不于 1913 年 3 月刚一从济济黉中学毕业就当了名尚没有资格证的小学代课老师。

他走上了同父亲相同的小学教员之路。虽然工作稳定，但是他并不愉快。他对升学深造还抱有希望。当时京城中学附属小学教员养成所招募免费生，条件是毕业后必须去朝鲜的小学当教员，但是工资比国内的高，生活费用比国内低。中垣知道后报名应招，打算在朝鲜工作几年，积攒学费，以便将来实现愿望，继续考学。1915 年，他通过了熊本县和九州地区的考试，被派往日本统治下的朝鲜半岛。第二年，他的表弟平川也因家庭贫困，不得不放弃升学的念头，步上了他的后尘。

第二章　在朝鲜

中垣和平川经过教员养成所一年的培训，获得训导（小学教员）资格后，来到朝鲜普通小学任职。平川被派到平安南寺洞（现在的平壤市辖地）。

根据1910年8月通过的《日韩合并条约》，朝鲜成为日本殖民地，甚至连小学教员都必须着军服、佩刀才能上讲台。1916年4月，中垣也是这身装扮来到寺洞的普通小学任职。他后来在反思这段历史时，坦诚地承认自己当时完全沉浸在统治者的优越感中。

中垣在朝鲜期间曾有过一段婚史。他当时的妻子是同县的藤冈一，她是熊本县知名的大户人家闺女。藤冈一是遗腹子，从小在祖父身边长大。她的祖父藤冈常彦是熊本县议员，曾连任两届众议院议员，在熊本也算是位名士。藤冈常彦隐退后一直致力于家乡的教育事业，因年事老迈，急于为孙女找个夫家，当时选中了中垣家的次子坊，也就是虎儿郎。两家门当户对，藤冈一的父亲藤橘和虎儿郎又都毕业于济济黉县立中学，所以虎儿郎在1917年入赘藤冈家。这桩婚姻持续了两年，其实结婚3个多月后，中垣就产生了离婚的想法。1918年11月，他们的大儿子藤冈光一(现住在熊本市)出生了。这使崇尚自由的中垣感到婚姻生活是一种束缚。中垣的一些好友一直以为他始终独身。促使中垣结束这段婚姻还有一个重要原因，就是随着在朝鲜的长期生活，他对所从事的殖民地教育产生了怀疑和失望，心境也改变了。

他曾就此事说："从中学时代开始，我就酷爱文学、哲学，喜欢读卢梭的书，受到其影响而热衷于教育事业，认为教师必须了解社会，一时沉浸在巴库宁等人的著作中，阅读了《资本论》和唯物史观相关的书籍，以及福田德三、河上肇等人主办的杂志，我的思想发生了变化，认识到当时所从事的教育根本不是人类教育，完全是臣民教育……"

随着阅读马克思主义的书籍，加上在殖民地的亲身体验，中垣觉醒了，认为自己无疑已是日本统治朝鲜、对外族进行皇民化的干将。因此，中垣萌生了离职的念头。但是，摆在他面前的一个重要问题是辞职后怎样谋生，他还没有找到办法。他是为了积攒学费才千里迢迢到朝鲜任教的，可是，到了朝鲜才发现原来一切并不如预期的，工资不高，物价也不低。最终，他暂时将辞职的念头搁置一边，于1922年4月自愿转职到京城三坂普通小学。他对当时的情况描述道："此时，我对教员生活彻底绝望了。我的个人生涯、教育观念都产生了变化。建立在国家要求的命令式教育之上的不是真正的教育，无法实现修养、国语、历史等方面的传道授业，我两年来一直担任图画专科教员，看到周边在执行着一套与自己完全相反的教育活动，感到不忍入目、无法忍受。"就在中垣为寻找今后的生活出路而徘徊在首尔街头时，他遇到了中学时代接触过的世界语。1922 年 8 月，刚成立不久的永城世界语研究会举办了世界语的讲习班，中垣得到消息后很是振奋，“在首尔也可以学世界语了”，他感到“像遇到少年时的老朋友”，当即决定报名。讲习班在当年 8 月 15 日开班，为期两个星期，听课者有两个班共 100 余人，堪称盛况。讲师是日本世界语学会海外局委员长谷川理卫，由日本专程赶来。

长谷川当时是东京帝国大学的在籍学生，比中垣年轻 5 岁。当为期两个星期的讲习班结束时，中垣就下定决心，“要把一生献给世界语运动”，要终一生为世界语者。他知道国际上有使用世界语的劳动者团体——“无产阶级世界语运动”组织。目睹被殖民的朝鲜民族的悲哀，中垣产生了左倾思想。另外，长谷川在授课时也讲世界语之父——柴门霍夫的生平及其理想，提到了社会主义者和劳动者掀起的世界语运动。长谷川还介绍了由 SAT（全世界无民族协会）发行的杂志《无民族主义者》。SAT 是 1921 年在法国巴黎成立的国际劳工世界语运动团体，在《无民族主义者》杂志上刊登了许多有关俄国阶级斗争等国际动向的消息，这对自学左翼思想的中垣产生了极大的触动。中垣听过长谷川的讲座，了解到世界语是和无产阶级运动相联系的。他认识到世界语不是一种单纯的教养，不是国际通信的招牌，而是一种武器，是解放被压迫阶级和民族的有用武器。中垣始终都坚持着这种世界语观点，并为无产阶级世界语运动冲锋陷阵。后来，中垣经过与京城世界语研究会创办人、讲习班负责人大山时雄

(1898～?)的交流，进一步加深了对无产阶级世界语运动的认识和理解。大山时雄的具体情况流传不多，中垣评价他“自称社会主义者，在警方那里是危险人物，经常有便衣警察调查他。”“他是通过世界语运动受到社会主义启蒙”，“大山君对我是富有影响力的”。

中垣在大山的劝导下加入了京城世界语研究会。研究会在大山家每周开办两次活动，他无一缺席，并频繁造访大山，坦诚交流对共产主义、唯物论等问题的意见，甚至产生了迁居大山家的想法。志同道合的两人又开始策划举办第三期世界语讲习班。值得一提的是，中垣再次接触世界语才3个月，就与大山合作编写教材，担当教员。中垣写发音、语法和课文部分，大山负责练习题和读物。中垣编了教材，从日本购买了许多关于世界语的书籍，把准备深造用的存款全部捐献了出来。专心攻读世界语数月之后，他骄傲地自诩为“第一期世界语讲习班100多名学员中最热心的”。他在首尔一共举办了五期世界语讲习班。1922年，他们不仅举办讲习班，而且还举办了世界语音乐会，目的是为上一年因干旱受灾的俄国难民募捐。据说俄国的这次灾荒，使伏尔加河流域的乡村尸横遍野，数百万人死于饥饿，是俄国历史上最为严重的一次灾荒。

中垣在完成本职工作之余，终日投身世界语教学活动。他描述当时的情形说：

> 我以极大的热情开始学习世界语，几乎忘掉其他所有事情，义无反顾。虽然仍在学校工作，但已经是个懈

怠的教师了。我作为一名美术专职教师，进了课堂就让学生自由绘画，学生画画，我坐在一边专心研究世界语。下课了，就把画都收到教员室，点评一下小艺术家们的作品，选几幅好的，挑个时间放到大厅的展览室里展示，其余的发回去，这就是我的全部工作。我既不需要像普通的教员那样跟班，也不需要上很多课。我之所以被学校聘用，是因为在教师会议上讲述了对艺术教育的设想，重点是不要打击小孩子的艺术，绘画是十人十色，是才能和个性的体现，不可一种模式，评价作品要有利于陶冶情感、培养理性。我的发言引起了其他教师的羡慕和嫉妒。当我因获得特权而懈怠时，他们还在拼命工作。他们有时也向校长投诉。校长有时也对我特立独行、致力于世界语有微词，但从未向我提出警告。因为他全面认可了我的教育理念，聘用我是他一个人决定的。承蒙校长之恩，世界语成了我的一日三餐。为了早日成为有作为的世界语教师、专职的宣传者，我努力天天进步，这是我的理想和义务。

1923 年 3 月，中垣在京城三坂普通小学工作一年后辞职了。辞职后，他为了在全朝鲜推广世界语，和大山一起到平壤、镇南浦(现在的南浦)一带活动。在平壤，在《京城日报》的支持下，医院院长、校长、教员、记者等 100 余人参加了学习；在镇南浦也有 30 余人参加。接下来，中垣、大山分开，独自以平壤为基地，在顺川、江西等地举办讲习班，将全部精力投入到普及世界语的活动中。当时他举办的讲习班据说有共产主义之嫌，总是受到警察的监视。另外，坊间流传着许多中垣的趣闻，比如他曾为了计量从平壤到首尔的距离，在盛夏的烈日中呼啦呼啦地一边扇着扇子，一边一步步丈量着。

1924 年，中垣虎儿郎结束了在朝鲜长达 9 年的生活。据说回国时，他撕碎了教师资格证，决心为世界语而背水一战。

第三章　投身世界语事业

中垣回到故乡熊本，在当地开办世界语讲习班，在世界语普及和宣传中崭露头角，但是进展并非一帆风顺。于是，他为了进修世界语、深造美术，离开熊本孤身上京。这是1925年春天。让他下决心进京的人是曾和他一起跨海赴朝的平川真澄。平川已经实现夙愿，进入东京大学学习，这对中垣无疑是一种鼓励。

中垣在平川的住所——淀桥区（现在的新宿后）柏木刚一落脚，就去拜访日本世界语学会（1919年12月成立）的办事处（当时的牛込区新小川町），不巧当天是“日本世界语运动之父”小坂狷二（1888～1969）的赴美欢送会，主要干员都出门了。中垣很失望，此后很长一段时间都没再登门。

中垣进京后的一年多时间里，都是在自己的住所开设世界语家庭讲堂并自任教师的。他有空时去东京近郊写生，还在神田界隅摆摊出售写生作品，有时甚至供不应求。与此相反，他作为老师只收了一个学生，生活陷入困境。1927年，他在小说《一文钱》中不乏幽默地描写了一个手中只有一文钱、连根香烟都买不起的穷画家的日常生活。这个喜欢抽烟的穷画家就是他自己。中垣立志为世界语而生，大半生都在穷困潦倒中度过，只有二战后的一段时间例外。

1926 年春天，中垣加入了日本世界语学会，在学会的星期三例会上结识了终生的盟友大岛义夫(1905～1992)。大岛当时是早稻田大学的学生，两人年龄相差十多岁，但都有社会主义思想。大岛从中学时代就开始学习世界语，加入学会也比中垣早，比较了解东京世界语状况。中垣是个初来乍到的外乡人，对东京世界语界没有切入点，幸亏能认识大岛。同时通过大岛的介绍，中垣还认识了很多同志，朋友圈也顺利扩大了。在中垣的朋友中有一位后来成为世界语研究专家，他就是比嘉春潮(1883～1977)。比嘉 1915 年在冲绳自学了世界语，1923 年进京后积极参加讲习班、研究会的活动，刻苦钻研世界语。他经常在位于柏木的私宅里召开具有左翼思想的世界语者定期聚会。比嘉在冲绳时就加入了社会主义同盟，中垣作为前辈社会主义者对他当然有影响力。中垣 1927 年加入了社会主义研究会，是定期聚会的常客。该聚会在日本无产阶级世界语运动的流派中被称为“柏木会”。

柏木会不仅是世界语爱好者的沙龙，而且还出教材，通过 SAT 的引介，使莫斯科出版的文献以及《共产党宣言》《国家与革命》的世界语译文得以应用。中垣说：“参加者不固定，通常是五六人，都是志同道合者。”通过世界语，这些试图变革社会的人聚集到一起，主要是比嘉、中垣、大岛和永滨寅二郎(宗藏雄)、剧作家清见陆郎等人。在柏木会，中垣加深了对 SAT 的了解，于 1929 年同大岛、永滨、比嘉、三宅史平等人一起加入了 SAT。柏木会成了日本 SAT 运动的大本营。柏木会在推进社会主义、共产主义研究的同时，也致力于会话练习、召开演讲会和编写活页杂志。中垣于 1928 年开始创作世界语读物，用笔名“Fava Tigrido”翻译小说。1927 年，日本世界语学会机关杂志《东方杂志》(*La Revuo Orienta*)12 月号上刊登了中垣翻译的《朝鲜童话》(*El Koreaj Fabeloj*)。除了举办内部活动，柏木会还积极参与社会活动。1929 年夏天，秋田雨雀(1883～1962)在国际文化研究所(1928 年 10 月成立)任所长期间，开设了英、法、俄、德、汉语等语言课程，其中也包括世界语。在柏木会的大力支持下，中垣、大岛、永滨、伊东等人先后在该院执教世界语课程。秋田雨雀在编写剧作的同时，还和中垣共同编著了《初等世界语讲座》。柏木会在开展对外社会活动中，曾因 1928 年“3·15”事件(译者注：日本政府于 1928 年 3 月 15 日对日本共产党进行了一次大规模的镇压，拘押了近 1600 人，以违反治安维持法之名起诉了 483 人)、1929 年“4·16”事件(译者注：日本国内继“3·15”事件之后的又一次大规模镇压共产党人行动，小林多喜二等共产党人被害。世界语者被警方检举)受牵连，起因是柏木会给狱中的共产党人送世界语读物。比嘉描述道：

> 我记得因“3·15”风暴，许多年轻人被投入监狱。在日本世界语大会上(第 17 届日本世界语大会，1929 年 9 月召开)，以柏木会为主，提议向入狱的年轻人赠送世

界语图书和字典，这样可以利用允许提供宗教、语言图书的规定，学习世界语。会上那些思想保守的人对此态度冷淡，清见和永滨等人用世界语进行雄辩，募集到了可观的资金，然后托国民救援会的人员将图书送去。我至今记忆犹新。

就在柏木会开始真正涉足外部社会活动时，中垣突然离开了东京，因为他没有了生活来源。中垣抵京后缺乏绘画灵感，生活陷入了困境。到了大正末期、昭和初年，中垣的哥哥龙太郎因结婚而辞去船员的工作，进京在神田小川町开了一家茶馆，被虎儿郎取名为“绿星”，意为世界语。中垣兄妹为大哥打理绿星，茶馆的菜单都附有世界语译文。大岛义夫看着在店内麻利干活的中垣，感慨道：“挑剔味道的 k-do（同志）中垣君系着围裙调配食物，他妹妹当女招待。他在厨房里愉快地忙碌着，真令人难忘。”刚开业时，茶馆凭着新鲜而繁荣了一阵，使中垣暂时摆脱了经济困境。但终究是外行人开店，不久就关门停业了。停业后，中垣一边在柏木会继续研习世界语，一边在改造社帮忙校对用以糊口。中垣的朋友比嘉春潮是改造社的编辑，不忍看他如此困窘才在单位帮他谋了这份差事。此时正处于太平洋战争末期。中垣后来向比嘉回报了这个大恩情。

位于静冈县爱鹰山脚下（骏东郡富冈村）的农村青年共产主义劳动学校是中垣的“新天地”。该校是冈本利吉（1885～1963）在 1928 年 1 月开办的农民学校。冈本利吉是战前劳动运动、消费合作社运动的指导者，并且了解国际辅助语——世界语。中垣被邀请到该校任世界语和美术教师。他在任教的同时，还翻译了冈本等人的著作。1930 年春天，中垣结束了数月的爱鹰山生活，重返东京，以便全心投身于无产阶级世界语运动。

第四章　参加无产阶级世界语运动

把中垣拉回东京的是大岛义夫。他当时隶属于无产阶级科学研究所世界语研究会(简称“无产科世界语研究会”),其前身是成立于1929年10月的国际文化研究所。世界语研究会则成立于1930年初,当时中垣在静冈生活。

1930年3月,无产科世界语研究会在东京新宿二叶保育园和帝国大学贫民救济中心开办讲习班,大岛在学生、知识分子较集中的新宿任教,刚回京的中垣则在帝国大学向劳动者讲授世界语。中垣接受讲习班的授课任务后,便加入无产阶级科学研究所。每当研究所有世界语讲习班时,他都不可缺少地担任授课教师,成为无产阶级科学研究所推进世界语普及的干将。

大岛义夫把中垣请回东京,主要是因为当时无产阶级科学研究所世界语研究会正计划编写《无产阶级世界语讲座》全6卷,非常需要人手。

《无产阶级世界语讲座》从属于无产阶级科学研究所世界语研究会,其创意是由在日本世界语界享有“智多星”美名的伊东三郎提出的。他提出:“要打破以往的语言课本形式,多采用插图、小幅照片、短句、演讲、艺术欣赏等形式,在全面、充分地提供国际无产阶级运动知识的同时,还应激发初学者的学习兴趣,这是本讲座的编写方式。"关键是,讲义不仅是语言教科书,而且在学习语言的同时还要加深对国际无产阶级运动的理解,使讲义成为马克思主义入门书。

中垣参与了第2卷以后的各卷编写。该书仅第1卷就发行了8000册,打破了日本出版世界语书籍的纪录,创下空前的销量。另外,由于质量高,该书还获得了现代日本世界语者代表性人物栗栖继的好评。他说:"这是内容充实的世界语讲座,彻底打击了中立主义世界语运动。当时日本尚未出现该倾向,只有无产阶级世界语运动做到了。国外的同志们也很惊讶,在日本能出现这么好的讲座。战后,我们也没有能超越这套讲座的教材。"

中垣作为世界语者,在战前的最大功绩就是编写了《无产阶级世界语讲座》。随着该书出版发行,日本无产阶级世界语运动也有了新的发展。在日本无产阶级世界语运动由萌发到消亡的全过程中,中垣的思想和行动也发生着变化,简略介绍如下。

1930年7月,日本第一个无产阶级世界语团体——日本无产阶级世界语协会(简称"PEA")成立。该协会的主要成员是以中垣为首的无产阶级科学研究所世界语研究会人员以及前面已提到的由中大岛主办的第一期讲习班的毕业生。从PEA的纲领和活动方针中,可以看出它带有浓厚的政治色彩,活动不仅涉及世界语团体,而且还与无产阶级团体有广泛联系：

一、纲领

1. 学习并宣传世界语。

2. 将世界语作为无产阶级武器之一来运用。

3. 支持各无产阶级团体。

4. 对国语资产阶级教育开展批评和斗争。

5. 促进日本无产阶级世界语运动在全国的一致行动。

二、活动方针

1. 在工厂、农村举办演讲会、讲习班，对工人、农民进行启蒙教育。

2. 支持 SAT 并与其合作。

3. 在日本的 SAT 小组要和无产科世界语研究会紧密联系、广泛合作。

4. 与各国无产阶级世界语团体采用通信或其他方式保持联络。

5. 对资产阶级世界语团体，取其于我有利之处，揭露其反动性，争取其成员转化并加入我方。

6. 对其他无产阶级团体的活动给予支持，运用世界语进行合作。

PEA 的会员最初只有 40 人，8 月增长至 84 人，11 月达到 110 人。会员不断增加，多数人与其说是为了学世界语，不如说是向往世界语的革命气息。会员坂井松太郎就讲述到：我不是因为喜欢世界语才加入世界语运动的，而是为了投身革命。世界语运动往往有革命性。不仅是我，大部分同志的想法都差不多。所以讲习班结束后，大家撇开世界语，热烈地进行理论辩论，不知何时就有人分发《赤旗》这类被当局取缔的刊物。

中垣领导的就是这样一群未来的革命家。中垣本人也认为世界语可以用作无产阶级运动的有效武器，认为开展政治活动很有必要。要借用世界语实现无产阶级解放，就必须普及世界语，培养优秀人才，对不成熟的日本世界语者进行质的提升。中垣与坂井等人的师生关系，实际上可以说是同床异梦。

PEA 于 1931 年 1 月发展成全国性组织“日本无产阶级世界语者同盟”(PEU)，中垣当选为中央委员，任教育出版部部长，在继续承担《无产阶级世界语讲座》编写、校对工作的同时，还负责编纂同盟机关杂志《无产阶级世界语者》。该杂志于 1931 年 10 月改名为《同志》。中垣常在该杂志上发表作品，如世界语的《初级世界语讲座》《kio 与 Kin 之辨析》《五·一》《第一个任务》等。

为支持 PEU 的工作，中垣做出了一个领导人和普通会员应有的表现。然而，PEU 的前身 PEA 是带有浓厚政治色彩的组织，把“争取和利用资产阶级世界语团体”作为活动方针，而 PEU 把资产阶级世界语团体升级为斗争对象；到了 1931 年 11 月，PEU 加入日本无产阶级文化联盟(1931 年 10 月成立)，处于日本共产党的间接领导下，使得中垣与年轻会员之间的鸿沟更加深化。坂井松太郎讲述道：

我们走到一起虽然是为了学习世界语，但更主要的是为了政治形势、国际形势。中垣君从不参加我们的热烈讨论，常常是在一旁观望着我们年轻人嘴角泛着白沫喋喋不休地争论，有时甚至嘲笑。中垣多少带有明治、大正时期文人的特点。在PEU时期，他远离当局认定的非法组织，对政治问题几乎从不过问。当时，我们指责他是技术主义，政治迟钝。

对此，中垣有自己的解释。下面是他在日中战争中被捕入狱后写下的独白：

PEU是在偏激的阶级斗争高涨期成立的。会员大多是世界语初学者，还不具备独立活动的能力，而且缺少生活经验，是一些经过宣传煽动、仅靠书本而激发出参加阶级斗争愿望的知识分子。所以，他们喜欢过激的言辞和张扬的行动，没有在艰苦条件下坚持不懈地独立开展运动的功底。PEU的活动不但外表张扬，而且往往内容滞后甚至失败，所以一遇到政治镇压就容易消亡。这也是后期世界语者所剩无几的原因之一。PEU虽然也把促进世界语语言发展作为目标，但并没有列入其方针中；进行日本文学世译、多文化交流也是目标之一，也未得到落实。我加入PEU以来，一直秉持上述想法，但势单力薄，只好在巨流中努力做好自己的工作。

可见，中垣、坂井等人已由同床异梦转为吴越同舟。

第五章　确立“世界语文学”

1932 年 3 月，PEU 首任书记长冢元周三被捕后，其成员也有人被捕，中垣与 PEU 分道扬镳。他最后一次向机关杂志《同志》的供稿刊登在 1932 年 3 月号。

尔后，中垣以日本世界语文艺协会（成立于 1933 年，后改称“世界语文学研究会”）为活动舞台，专心从事世界语文学创作和世界语教育活动。

日本世界语文艺协会是中垣、大岛义夫和日本世界语学会负责人三宅史平于 1932 年 10 月联合发起的世界语文艺团体。当时大岛义夫也和中垣一样，因为厌烦政治主义而离开 PEU。当时，PEU 批判并敌视日本世界语学会，认为该学会坚持政治中立。

大岛就成立日本世界语文艺协会作了如下说明：三宅君的 JEI（日本世界语学会）人士认为，有必要进一步提高世界语界整体语言学水平，我们也深深感到 PEU 应加强世界语学习。但 PEU 不断反对，使世界语运动变成政治会议，无法实现语言学方面的活动。所以，一部分希望发展世界语文学的人走到一起。另外，也是三宅和大岛为了互相借力。

立足于反省PEU，文艺协会以不谈政治、只“提高语言学技术”为目标，会员来自许多领域。主要会员有：霞木彦清、三宅史平、下村芳司、大岛义夫、长谷川照、大崎和夫、青岛友美、多罗尾一郎、中垣虎儿郎、松叶菊延、守随一、平冈升。

日本世界语文艺协会的机关刊物有两种，一种是1933年1月创刊的《国际语研究》，一种是1933年4月创刊的《世界语文学》，都由大岛经营的前线社发行。《世界语文学》刊登了中垣的多篇作品，虽然发行量不足200册，但不仅流传于日本，而且中国也有引进。

在中垣作品中，刊载于《世界语文学》的“翻译实验室”专栏至今仍有好评。它是为了提高日本世译水平而在中垣的大力倡导下开设的，每期都有中垣翻译的文学作品供读者点评。他首先翻译了小林多喜二的《蟹工船》，接着是树房雄的《苹果》、村山知义的《暴力团记》、二叶亭四迷的《平凡》等。1935年11月，经过修改整理后，“翻译实验室”专栏文章由日本世界语学会结集出版。当时政府不允许发行这种文学杂志，令中垣非常愤慨。1936年5月，《世界语文学》被迫停刊，最后一期是第20号。

同一时期，中垣还翻译了简·维尔兹尔的《北极黄金乡三十年》(1933年3月第1版，1935年6月改名为《北极》再版)和斯坦·博格曼的《堪察加探险旅行记》(1935年8月学艺社出版)。

以上是中垣20世纪30年代末以前的人生旅程。之前他还未与在日本的中国留学生交往，因为不懂汉语，周围也没有中国人或通晓汉语的人。中垣与学世界语的中国留学生成为朋友应该是在《翻译实验室》出版之后的事，此时他开始接触叶君健等中国留学生。

第六章　向中国留学生教授世界语

众所周知，在二战前，中国赴日留学生是 1895 年中日甲午战争后的产物，到 1937 年 7 月因两国全面战争爆发而停止。在这 40 多年间，据说中国赴日留学生约有 10 万人次之多。其中有三个留学高峰，分别是 1905～1906 年、1913～1914 年和 1935～1937 年。中垣虎儿郎与中国留学生友好交往则是第三次高峰期的事情。

1931 年 9 月，随着满洲事变爆发，中国留学生骤减，日方有识之士对留学生交流前景持忧虑和悲观态度。两年后，留学生回升至满洲事变前的数量，接近 3000 人。随着中国掀起日本研究热，加之中国汇率市场行情好转，1936～1937 年达到 5000～6000 人。

第三次留学热潮的主要特点是，留学生的到来推动了广泛而活跃的文化活动。例如，根据实藤惠秀的调查，留学生创办的杂志、报纸在 1935 年达 11 种，1936 年也有 10 种。这一时期，留学生还相继组建剧团，经常举办演出。中垣和秋田雨雀在合著的世界语文章中写道："当我们从东北旅行回来时（1935 年），来自中国的年轻演员们正在东京频繁演出。

中国青年们一边受到国际新潮流的冲击，一边努力与锐意进取的日本演员共同创作优秀剧目。……我们经常在东京看到他们的出色演出，受到很大影响。”尽管时间短暂，但由于留学生的表现，1935～1937年可以说是中国文化在日本开花结果的时期。

就在这种文化运动高涨的背景下，东京的中国留学生中出现了学习世界语的热潮，1935年10月，以中国广州为大本营的世界语社团踏绿社的机关刊物《世界语周刊》就刊登了赴日不久的留学生撰写的《东京通讯》(Ricio:《留日学生和世界语》,《世界语周刊》第204期，1935年10月28日)，部分内容如下：

> 留日学生中，关心和追随世界语的相当多。他们放弃了喝咖啡的时间，组织留东学会，前景光明。几名初学者隔天开一次讨论会，我每次都得抽出3个小时指导他们学习。他们非常努力，通过我们的培养，新的世界语者即将诞生。

正如这篇记载当年夏天情况的报告中所说，留东学会正在筹办中。此前日本没有留学生的世界语团体，对世界语感兴趣的留学生只能通过自学或参加日本人举办的讲习班来了解世界语。随着赴日留学生的增加，留学生的世界语学习热也升温了，这为在中国留学生中普及世界语提供了最佳时机。

在赴日的中国留学生中，许多人未受培训，对日语几乎一窍不通，因此即使想学世界语也很难加入日本人举办的学习班。用日语讲授的世界语课程，对初学者来说更加困难。要解决这个难题，必须用留学生来培养新的世界语者。因此，当务之急是调整运作方式，针对中国留学生开设专门的讲习班。

于是1935年10月14日，包括3名女生、共18名中国留学生聚集在位于神保町的中华基督教青年会礼堂，组织者是留学生的世界语社团“中华留日世界语学会”。他们虽然大多是初识，却能在融洽的气氛中进行活动。班委会3名委员是Ricio（李慈）、丁克（邓克强）和黄器之，他们还确立了行动纲领，主要是开办讲习班，举行座谈会，与各国世界语团体进行通信联络，印发刊物，推进世界语运动。

中华留日世界语学会很快就开办了世界语讲习班，希望借此普及世界语，发展新会员，也使现在的会员得到锻炼。因为即使有学习经历的会员，半数以上也仅是初学者水平。讲习班的任课老师自然由中国人担任最合适，但当时人才难觅，所以学会联系了日本世界语学会。日方爽快答应了请托，不但派教师还提供场地，迈出了日中世界语交流的第一步。当时日本世界语学会在其机关刊物上发表了题为《东京中国学生世界语学会与世界语讲习班之盛况》的文章，称这次双方交流是“划时代的、破天荒的”，把这次合作看作日中世界语者交流的第一步，并给予高度评价。

第一期讲习班在1935年11月16日开课，授课地点是日本世界语学会事务所二楼。开课当天有40名留学生听课，日本世界语学会评论道：“这是学会事务所成立以来第一个大型讲习班。”授课教师是冈本好次(1900～1956,时任日本世界语学会书记长。讲习班每星期上3次课,于当年12月中旬结业。中华留日世界语学会紧接着又举办了第二期讲习班,在开办初级班的同时还增设了面向第一期结业学员的中级班。听课者增加了,也就需要更多教师,于是中垣被选为授课教师,开始了与中国留学生的实质性交流。

1936年1月16日,第二期讲习班开课,教师是冈本好次、中垣、顾。冈本和中垣教中级班,顾教初级班,中垣兼初级班的课。授课时间和第一期一样,也是一周3次,但两个年级上课时间不同,所以中垣可以兼任。中垣首次对留学生授课持续了3个月,讲习班于3月中旬结业。其间,中垣为了继续无产阶级世界语运动,决定重新加入日本世界语学会,通过给留学生上课与世界语学会“和解”。

中华留日世界语学会原计划举办第三期讲习班,但未能实现,原因不详。该计划的取消使他们的交流变得更加紧密,因为中垣邀请那些希望继续学习的留学生到家里来,以便培养骨干力量。这样一来,中垣家每隔一天就有或三五成群或十人左右或一两个人来访求教。黄乃(民国初期革命家黄兴的幼子黄一寰,1936年3月赴日,先入东亚学校后入日本大学就读,二战后改名黄乃)就是其中一人,以下是他回忆当时的情形:

> 有一天,我有幸见到世界语讲习班的老师中垣先生,中垣先生主动提出“我可以给你们个别辅导,可以来我家里”,我便很快约了三四个留学生来到位于高元寺

的中垣家拜访。当初，我以为中垣先生这样的名人大概会住在豪宅里，没想到他非常贫困。我很吃惊。知道了日本左翼知识分子的境遇后，我对先生格外敬重。以前我也见过许多世界语者，但中垣先生的世界语水平非常高。见到中垣先生是我无以替代的财富。

如同本书序言《忆中垣君》中所说，与中国留学生的交流不局限于中垣家的世界语课，在中日关系恶化时，中垣仍然毫不犹豫地和留学生到户外一起吃饭，度过了愉快的时光，有时还邀请留学生一同去郊外写生。20多年后，中垣在回忆与中国青年密切接触的往事时写道："我在日本世界语学会的二楼教世界语，学生有30多人，都是中国留学生。我和其中六七个人的关系特别好，他们有时到我家来，或者一起到郊外，有时还到当时上野的牛肉餐馆'米久'去吃饭"。

在中华留日世界语学会出版发行的刊物中有陈建编写的《北方语拉丁化教科书》。陈建请亡命日本的郭沫若作序，还收录了中垣的文章《中国新文字和世界语》，1936年5月18日，《世界语周刊》头版刊登了该文的中译稿，这可能是他的作品首次出现在中国。遗憾的是，《北方语拉丁化教科书》后来是否问世不得而知。因为中垣的投稿支持，中国留学生包括郭沫若等人对他产生了景仰和好感。中华留日世界语学会成立时就计划在1936年1月创刊发行机关杂志《新世界》，跨入1936年，首发延至4月15日。《北方语拉丁化教科书》没有发行记录，可能由于出版不如人意而偃旗息鼓了。

在中垣先生与中国留学生的亲切交往中，需要特别提到的是，他提供了中国留学生与日本世界语者交流的场所。世界语沙龙“三月之会”就是其中之一。

该沙龙是中垣 1935 年 3 月应新岛繁（原名野上巌，1901～1957）之请而成立的。在无产科世界语研究会时期，新岛繁和中垣是同事，他曾央求中垣一定得为想学世界语的工人授课，报酬是报销交通费和茶水钱。虽然条件不好，中垣还是答应他的请求，成立了学习班。最初只有在北海道劳动组合工作的增根原博利（1905～1962）和下村（上山）信夫等 3 人参加，后来森山稔（1909～1980）、贺川庸夫等人也来听课，渐渐会员增加了，地点也移至新宿的白十字茶馆，每周一次定期开办。

中垣在学习会上任讲师，还邀请留学生参加学习。三月之会在当时成了中日世界语者交流的主要平台，并且充满朝气：

> 前来学习的大约有 20 人，从外表上看好像日本人、中国人各一半。当时中国人大多在私立大学读书，意气风发，或许这就是革命萌芽期的风貌。我们日本人觉得有点被压制了，而且还有低迷的感觉。尽管如此，双方还是在两个多小时里畅所欲言、气氛祥和，使用的语言当然是世界语。

以上是森山稔对中垣与中国留学生开展交流的一个片段的描述。值得思考的是，中垣为何如此热衷于培养外国的年轻人？还是先看看中垣当时的生活状况吧。

1936～1937 年是中垣人生中最忙碌的阶段。如他所述：

“每周六大从上午 9 点到下午 5 点在出版社做校对，有四个晚上要教授世界语，所以自己也得加强学习。”另外，从 1936 年 3 月开始，中垣还负责日本世界语学会发行的学习月刊《世界语》的“自由作家”专栏。虽然参与专栏的人不多，但中垣需要逐一批改、回复每月的读者来稿，还要挑出佳作刊登、点评，负担之重可想而知。也是在这段时间，中垣邀请黄乃他们到高元寺家中来学习，实际上高元寺的房子是租的。中垣不仅忙碌而且贫穷，他曾在《雀》遗稿中描述了当时的生活困境：

> 这是五六年前的事情。当时我在高元寺一丁目不远的地方租了三间小屋，我和老母亲还有做工的妹妹三人居住，并不是我养着她们两个。妹妹在一家叫满蒙什么的名声不好的公司做工，每月挣 30 元，给我 10 元；母亲把住在别处的弟弟给的零花钱抽出 5 元给我，这样就是三个人的餐费，我出 20 元，承担租房费 15 元、水电煤气费 5 元，非常紧张。尽管当时物价低，但还是过得紧巴巴的，我自己承担的 20 元常常不能按时支付，拖欠了很多。……我基本上赞同“不劳动者不得食”。靠利息和房租过日子、追求不断存款的职业是不人道的，何况只花三五百元盖起的房子却长年收每月 15 元的房租，我认为不是应得的，所以拖欠房租也不感到不光彩。向房东解释时也不感到羞愧，也不把外界的传言放在心上，我没有虚荣心。母亲非常不高兴却也不说我。有时房东讽刺挖苦地说什么都 40 岁了还不讨媳妇，也不觉

得令亲戚朋友丢脸，租个空荡荡的小房子还拖欠房费。我只是沉默不语，母亲有时为了我这个不孝子而独自躲在暗处落泪，有时又实在不忍装傻，虽然不情愿还是尽力替我出房租。妹妹承担了母亲的伙食费，我也没觉得不好意思。实在是无计可施。

留学生到中垣家学世界语的时候，他的母亲和妹妹已经搬走了，他一个人租房，房费等一切开支都得自己承担，因而生活更加拮据。即使穷得自顾不暇，中垣仍坚持教留学生世界语，几乎不收任何报酬。他之所以如此为中国留学生奉献，可能是看到世界语运动在日本乃至世界各地停滞不前，世界语运动的出路也许就在这些留学生的祖国。

20 世纪 30 年代上半叶，世界语在半封建半殖民地的中国得到了受苦受难民众的好感，如星火燎原般地推广和普及。

1931 年 11 月，中国无产阶级世界语联盟在上海成立。

1932 年 2 月，北京世界语者联盟成立。同年，镇江、南京、云南也成立世界语组织。1933 年 1 月，上海世界语者协会成立，其机关杂志《世界》于 1932 年 12 月创刊。1933 年 9 月，上海世界语者协会提出口号“为中国解放而使用世界语”，中国世界语者纷纷响应。10 月，广州中山大学成立了踏绿社。同年，青岛、成都、无锡、南宁都成立了世界语组织。1935 年 8 月，中国无产阶级世界语联盟的月刊《新文学》创刊。同年，在西安诞生了世界语社团。

与中国的情况相反，1936 年日本世界语界正如中垣担忧的那样更加萧条。例如，1936 年 2 月，日本发生了“二·二六”事件（译者注：1936 年 2 月 26 日至 2 月 29 日由受日本陆军皇道派影响的青年将校们领导的 1483 名军人进行的“讨奸尊皇，制止昭和维新”未遂事件），当局频频发布戒严令，禁止在东京举行集会。

中垣家的高水平世界语沙龙“光明集合”也被强行取缔。光明集合是交流世界语的茶话会，成立于 1935 年 6 月，以提高纯语言学理论、技术为宗旨，每月集会一次，中垣、大岛义夫、伊东三郎、永滨寅二郎、长谷川照子等日本世界语历史上的名人都是常客。

1935 年 10 月 12 日，中华留日世界语学会成立的第二天，中垣和 Ricio（李慈）应邀在光明集合沙龙聚会演讲。1936 年 5 月，由中垣和长谷川照子主编的世界语研究会机关杂志《世界语文学》停刊。大岛义夫觉察到当局的弹压日益逼近，所以作出这一决定。中垣坚决反对，他投入了大量心血，像恋人般深爱着《世界语文学》。他坚持即使自己单打独斗也要恢复《世界语文学》，并为 1937 年 4 月复刊而准备了一段时间。

中垣与中国留学生密切交往是在自由被剥夺的大背景下开始的。所以，他把重振世界语运动的希望寄托在这群来自邻国的青年身上，他发现世界语运动的出路在中国。

从 1935 年秋开始，中国留学生大批涌入日本，其中自然也有滥竽充数的。中垣在《夹竹桃》遗稿中写下了不为一般日本人所知的内幕：

当时东京大约有3000名中国留学生。多数人进入好学校努力学习。但也有人纯粹是为了来日本拿个毕业证,他们日语基础差,需要在语言学校或私塾补习日语。有的学一年也过不了关,有的干脆雇人代考,甚至连毕业论文也出钱找日本枪手代写。日本大学生也愿意为留学生打工。学生管理部门对此也视而不见,只要交学费和听课费就给毕业证。有的中国留学生到学校报到后就忙于打工挣钱,或沉溺于打麻将泡茶馆,泡日本女人,像公子哥儿一样挥霍。

中垣接触的留学生却完全不是这样。他回忆说:"这些留学生都是左翼学生,家人送他们赴日就是为了读名校,而他们自己则想在日本学习社会主义、共产主义,为中国革命作准备。他们热衷于到旧书店寻找马恩列斯著作的日译本,就算不太明白日语也能用中文发音来念日本汉字,一知半解地阅读。他们组织了很多俱乐部,在留学生中宣传政治、文化。警察局把这些学生列为抗日学生、危险分子,严格控制。我教的世界语学生就是这样的人。"

叶君健就是其中之一。叶君健的世界语水平非常高,1936年赴日后就成为中国世界语者的领袖,可以在各种集会上致辞。他很有语言才能,在武汉大学学习期间攻读了英语,还兼学世界语,并很快就开始使用世界语创作,于1937年1月由上海绿叶书店出版发行了短篇小说集《被遗忘的人们》(*Forgesitiaj Homoj*)。

可以推测也许在叶君健赴日前,中垣与叶君健就互相听说过。因为 1939 年 7、8 月合刊的《世界语文学》刊登了中垣的世译小说《馄饨》(原作武田麟太郎),以及叶君健以笔名 Cicio Mar 写的《饥饿的别墅》(*Vilaoj Malsatas*)。叶君健非常赞赏中垣。在三联书店香港分店出版的《故人新事集》一书中,叶君健写道:"东京的中国世界语者都与他志同道合,年轻的大部分都是他的学生。他给他们授课、补习,像一座桥梁连接起世界语者们。通过他可以把分散在东京各区的中国世界语者联系到一起,使大家得以经常见面。我通过他才知道了东京的中国世界语者,也认识了绿川英子(长谷川照子在中国使用的笔名)。"

第七章　中国留学生被检举和中垣被牵连

在1937年初夏，中垣与中国留学生的密切往来受到警察的重点监视。日本特高课人员曾多次到日本世界语学会事务所调查中国留学生的行踪。1937年6月上旬，中垣就已感到周围气氛紧张。有一天，他在从日比谷到新宿的公交车上突然受到便衣警察的盘问，这名警察四年前就曾审问过他——那时是1932年，中垣被警视厅的杉并警察署拘留、审查了一个月。中垣在《夹竹桃》遗稿中对此事的回忆如下：

当时他主动问我："我听说你还在教中国人世界语。"

"嗯。"

"有多少人？"

"也就十来人吧。"

"邓克强也在吗？"

"我不记得每个人的名字，因为不是按日语读的。"

"就是高个子、大眼睛的那个男人。"

"可能是丁克吧（丁克，邓克强的笔名——引者注）。"

“看来是在啊。”

“怎么啦?”

“他很活跃啊。”

车开到樱田门，我连忙说“要下车了”，就离开了他。我心中暗想，丁克要被逮起来了。

中垣与邓克强等五名留学生被审讯了十多天——也就是从6月19日到6月28～29日受到检举。当天《中外商业新闻》《大和新闻》《都新闻》《国民新闻》《读卖新闻》《东京朝日新闻》等都有报道。《大和新闻》报道的内容大致如下：

参加世界语大会的日、支6人被检举——将由日本派代表，被一网打尽

6月上旬，上海领事馆发函，要求日方调查由日赴沪参加7月14日纪念世界语诞生50周年全国大会的代表。日本警方于19日拘留了明大经济系二年级中国留学生邓克强(25岁)，22日拘留了某杂志社员工中垣虎儿郎(44岁)，25日拘留了中国人叶君健(24岁)，28日拘留了中国人黄一褱(22岁)、陈秋焕(24岁)、李益之(25岁)。

中国世界语协会成立于1932年1月22日，是中国世界语者组织、中国共产党外围组织，在共产国际中国支部和莫斯科无产阶级世界语同盟会的指导下开展活动，目的是通过世界语促进共产党的活动。中垣、邓克强都被邀请赴沪参加50周年纪念会。6月6日，在中垣住所，上述六人集会决定向大会发送贺信并派代表参

加。据调查，中垣在家用昭和7年3月已禁止的自编教材《无产阶级世界语讲座》(全6卷)向中国留学生授课。邓克强来日前加入中国左翼作家联盟，在广东省组织抗日剧团。叶君健为组织活动保释邓、中垣，在本国发放左翼刊物，是活跃分子。黄、陈、李三人除参与叶的保释活动外，还涉嫌藏匿、转移证据。

事实上，比日本掌握的情报晚一天，世界语诞生50周年纪念大会于7月15日在上海宁波同乡会召开，来自中国各地的世界语者约300人齐聚一堂。已于同年4月西渡上海的长谷川照子也参加了聚会。叶君健否认派中国留学生赴沪与会的说法。

最终，中垣被以违反治安维持法的罪名逮捕并判刑。中垣被捕恰逢七七事变，日中战争全面爆发之际。中垣受到严惩，7月12日被举报，经过五个月的调查取证，于1937年2月17日被起诉。12月27日，由杉并警察署移交西巢鸭东京拘留所，1938年4月初审，到7月经过4次审判，处以劳役3年。8月6日判决，罪名是违反治安维持法，“劳役2年，缓刑4年”。中垣提早出狱，接受了不公的判决未再上诉。按惯例，宣布缓刑就应该当庭释放，但中垣3天后才获释。中垣说:“这是我人生中最特殊的3天。”这3天究竟发生了什么，我们无从查证。

中垣从狱中释放并不等于完全得到自由。根据1936年1月施行的《政治犯监护观察法》，缓刑期前两年(可延长)限制居住、交往、通信自由。

8 月 20 日，在中垣被释放的第二周，朋友们为他举办了出狱庆祝会。殷武严(1907～1998)回忆当时的情景说：

> 当时是七八月酷暑，为躲避当局的监视，我们这些不要命的人在上野广小路的明智糖果厂二楼密不透风的浴室，给玻璃窗蒙上遮光布，为中垣虎儿郎和猪箱举行欢迎、毕业会。

参加庆祝会的有比嘉春潮、三宅史平等被殷武严称为不要命的朋友学生共十几人，都是日中世界语交流沙龙“三月之会”的成员，但是中垣先前喜爱的中国留学生没有出现。

第八章　再次被捕与离开世界语运动

中垣从生活了一年多的监狱里释放出来，1938 年 10 月在改造社复职后，于 1939 年 1 月退职。同年 3 月，他通过朋友介绍，到《经济情报》杂志社工作。对此，比中垣早一年入社的埴谷雄高撰文说：杂志社工作氛围轻松，上下班时间和工作任务都比较自由，尊重个人意愿。虽然各部门都有人，但好像没有直接经营人。对习惯自由、不愿受拘束的中垣说，经济情报社无疑是最称心的工作单位。在杂志社工作的人多数都有和中垣一样的想法。《经济情报》是旬刊，每期一个专题，分别是政治篇、产业篇和公司篇。中垣负责政治专题工作，实际上每月工作不足 5 天，非常舒适。

政治篇的宫内勇是《农民斗争》社的成员。当时日本国内正处在农民斗争的高潮，埴谷和中垣的工作重点是农民斗争。中垣的好友伊东三郎是骨干，也发行了月刊《农民斗争》，该刊于 1930 年 3 月首发，1932 年停刊。在这段时间，中垣虽然不参与政治活动，但把住所提供给左翼活动家使用。一时间，他家"常常有不认识的人进进出出"（与中垣同住的妹妹语）。埴谷就是"不认识的人"之一，还有宫内勇、远坂良一等农民斗争社的成员。中垣在《经济情报》社工作不久就再次被捕，这次的罪名是在缓刑期间仍然举办三月之会，仍举办世界语学习班。

在内务省警保局保安课发行的《特高月报》1940 年 8 月刊中记载，7 月 26 日，首先是贺川庸夫被检举，同月 31 日，中中村三郎遭逮捕。7 月 5 日，中垣弟弟、诗人於菟三郎（金津於菟）去世，使中垣受到很大打击。

关于这次被捕，中垣接受利根光一的采访时说："缓刑期已执行了两年，却再次被捕，我想也可能与长谷川照子的反战运动有关。但是警方没有事实证据，所以把我关押了九个月就放出来了。"

长谷川照子在中国以绿川英子为笔名发表了一些反战文章。她和中垣关系紧密，这是不争的事实，因为中垣教过她世界语，他们是师生关系。宫本正男评论说，长谷川照子发自内心地感到能拜中垣为师很幸运。中垣却很少对别人提到长谷川照子，他认为长谷川照子是享有盛誉的日本世界语者。

叶君健曾记载："绿川英子当时在文化界并不出名，我向中垣君询问她时，他立刻神色认真，激动起来。他不仅了解她，而且还理解她。从他的口中可以听出他非常同情她的遭遇。我知道他对她的坚强意志非常敬佩。"

长谷川照子也深深信赖着中垣。1937 年 4 月，她通过邓克强、黄乃这些中国世界语学生的帮助，成功偷渡到中国。她动身之前，就曾到访过高元寺中垣的家。中垣是提前知道她要偷渡去中国的为数不多的日本世界语者之一。中垣的挚友大岛义夫说:“她在出走前一天曾来我家,说之前去拜访了一位住在我家附近的老世界语者,是为了还书和偷偷告诉他就要离开日本了,不可能再见面了。”她所说的“老世界语者”无疑就是中垣。长谷川照子深受中国留学生信赖。中华留日世界语学会每周日召开例会,只有中垣和长谷川照子两位日本人被特许参加。

中垣在 1941 年 4 月获释。因为警方找不到中垣参加“复兴共产主义运动”的证据,不能以“政治举报”起诉他,所以中垣免予被起诉而获释。中垣前后在狱中度过了两年,在狱中的自由时间大多用来读书。他阅读了大量自然科学图书,弥补了普通日本人欠缺自然科学知识的遗憾,其中一部分书是向小林勇借的。中垣虽然获释,但这次被捕对他的世界语活动造成了致命的打击。出狱时,警方警告他:“今后决不允许再参加世界语集会,无论何种形式的集会都视为赤色。”从此,中垣不得不警惕,不再公开参加世界语活动,直到 1945 年 10 月 22 日监护观察制度废止,中垣才被东京监护观察所解除处分。此前中垣一直持反战志愿,但行动不自由无法尽力,只能处在苦闷中。

第九章　二战下的生活

1940年以后，战时的日本当局全面整肃文化界，彻底取消了言论、出版自由。在这种背景下，岩波书店决定针对少年儿童编写、发行自然科学书籍。1941年12月，创刊了比较有名的《为了小国民》系列丛书。该丛书负责人是小林勇，他吸纳中垣加入编写阵营中。小林是为了接济出狱后生活没有着落的中垣，另外也是希望中垣在狱中阅读了大量自然科学书籍后能有所发挥。

丛书的读者是儿童，所以编写形式是采访科学家，再用通俗易懂的语言整理科学知识内容，分册出版。因此每册的作者是被采访者，而真正执笔者是幕后的记者。中垣担任小学教员，又写过儿童读物，所以能胜任。丛书共出版了23册，中垣执笔的两册是1942年7月发行的大冢弥之助的《山是怎样形成的》和大村一茂的《石油》。中垣完成丛书编写后，生活又失去依靠。这时，小林勇又救了中垣，在好友小山久二郎（1905～1984）经营的小山书店为中垣找了一份差事。小山书店在战后因“查泰莱诉讼案”而闹得沸沸扬扬。小山久二郎在谈到中垣在书店工作的原委时说：

当时小林勇主动来问我："你这里有要用人的地方吗？"我说："也不是特别需要人手，是个什么样的人？"他回答："是我的朋友，世界语者中垣虎儿郎。"又补充说，"中垣在昭和12年6月和中国留学生世界语者一起被检举，收押到巢鸭监狱，最近刚出来，但是没了生活来源。"我说："你不能给他个差事吗？"小林说刚停了铁塔书院，回岩波不久，不好开口给朋友找差事。我正缺一名校对，就高兴地留下了。

中垣1943年5月到小山书店，除了当校对工，还参与1938年11月开始的《日本小说代表作选集》的编辑工作。《日本小说代表作选集》由川端康成、武田麟太郎主编，小山书店每年出版两册。

中垣自1941年4月被释放后一直未公开参与世界语活动。而且日本世界语学会前途未卜，尽管自诩奉行中立主义，但太平洋战争爆发后，当局强迫他们与军国主义合作，因此他们停步不前。据说，日本世界语学会以"危险分子"之嫌将中垣和大岛义夫除名。

实际上，中垣并没有放弃世界语，而是转入地下。当时，中垣想方设法避开当局宪兵的耳目，秘密叫来学生坂井松太郎等人研学世界语。

1944年11月24日，东京第一次受到空袭，日本战败的迹象越来越明显。中垣面对时局变化毫无紧张感。据中垣的外甥宫田裕氏回忆，当时市面上粮食严重短缺，可舅父说如果没有粮食还可以吃野草！

战争造成的危害正在包围中垣。到了 1945 年，小山书店被列为疏散对象，当局要求他们搬走，小山久二郎的住所也在空袭中被炸毁，从而使小山痛下决心撤离东京。小山太太的娘家在青森县北津清郡板柳町，小山出于慎重让工作人员先撤离到那里避难，同时又在当地距弘前不远的地方买了一个大果园，以便自耕自足。当他向员工公布撤离计划时，绝大多数员工都对毫无农业经验的小山半信半疑，只有中垣自信地赞同。

1945 年 5 月 19 日，中垣与小山等人一同撤离了久居的东京。中垣可能意识到撤离后短时间内回不来，所以连锅带盆都装进大背包里。关于这段生活，中垣在战后发表的《母牛》中作了详细记载。

在这次东京全民大撤离行动中，中垣的好友、画家柳濑正梦(1900～1945)不幸于 5 月 25 日在新宿死于轰炸。柳濑生前曾多次为《无产阶级世界语讲座》《为了小国民》等书制作装帧，中垣晚年非常怀念这位友人。5 月下旬，他们开始了在青森县板柳的生活。小山久二郎在回忆录中对撤离生活作了生动的描述：

> 我们终于迎来了干农活的第一天。大伙充满干劲。……把农具和食物装上牛车，女人坐在车上，我们这些男人骄傲地跟在后面。接近 9 点，我们才到达田间，而周围在田里干活的人都忙了一阵了。我们必须先从翻地干起，翻起在冬雪下沉睡已久的泥土。学着别人的样子举起铁锨，但是坚硬的土地把锨弹了回来，手都

被震裂了口子,刨出的土像石块一样硬,我们只能再用锤子敲碎。尽管非常辛苦,我们却干得很卖力。

中垣兴高采烈,一马当先。小山说:“中垣的坚忍常常让我们咋舌。他的样子真是如鱼得水。他在偏僻乡村长大,虽然是武士的后裔,但天生就有亲农之心。”

1945 年 8 月,日本战败。中垣内心思考的不是战败的悲哀,而是如何早日返回东京投身世界语运动。他的难题是在东京无处落脚,撤离前在涩谷的房子已在战火中化为灰烬。中垣拜托仍在东京的朋友们帮忙找新的住处。在一片焦土的东京寻找住所无疑是非常困难的事情,最后中垣暂住在三石清家。1946 年 1 月 31 日,日本战败半年之后,中垣离开了青森的板柳。几天后,三石在位于吉祥寺的家中接待了中垣。对时隔八个月的师生重逢,三石描述道:

> 中垣往我家运了三十来个装苹果的箱子,里面绝大多数是书。他在我家住了几年。他从板柳回来,一见到我就说还要在党校教世界语(注:党校指日本共产党本部设在东京代代木的教育党员的学校)。他满怀抱负,充满干劲。他在朝鲜学世界语时就决心投身世界语运动了。为此他放弃了小学美术教员的工作,在道内各地巡回,进东京后又参加了柏木会、无产阶级科学研究所世界语研究会、PEU、世界语文学研究会,其间多次被检举入狱。我知道他看到日本战败、共产党合法化了,非常想给年轻的党员讲授世界语。

第十章　在战败混乱中再次崛起

自 1946 年初开始，中垣刚落脚在世界语之友三石清家，就又去位于代代木的小山书店临时事务所上班了。

小山书店因战火而中断许久，刚出版了几册中岛敦的《李陵》，就因纸张匮乏而停止印刷。中垣回小山书店时，小山等人靠哼小曲、下棋打发时间，于是中垣也很快加入了金春派系的春朗会。

战败之日对日本文艺界来说是复兴之时。在麦克阿瑟的领导下，社会急剧变革，如修改宪法、改革农地、尊重人权。在战前、战时被压抑的文艺领域也开始民主化变革。1946 年 2 月，日本民主文化联盟（简称“文联”）成立，由新日本文学会、民主文化科学者协会、日本新闻记者联盟等战后为宣扬民主主义而产生的文化团体构成。

世界语界也顺应急速发展的民主化潮流，于 1946 年 6 月成立了第二次世界语协会（以下简称“协会”）。

在上一年 12 月，以日本世界语学会为中心提出了成立第二次世界语协会的构想。该构想是在两年一度的世界语大会（第 32 届）上提出的，将日本世界语活动局限在学习、研

究方面,也承担普及工作。宫本正男对引入这种体制作了如下分析:

> 实质是学会针对日本民主主义文化联盟代表的战后民主化浪潮。文联曾要求学会与罗马字学会一样参加文联,学会内部也积极响应。但学会领导发现文联的意图是构建"共产主义防波堤",急忙提出成立日本世界语协会。老的无产阶级世界语学会成员早已明白学会的性质,我们需要建立能自由活动的团体,与文学家、科学家一样在推进文化革命中发挥作用。

基于上述两个考虑,宫本正男认为创立日本世界语协会是妥协性的。

1946 年 3 月 3 日,由 15 人组织的委员会成立了。中垣、比嘉春潮和大岛义夫都被选为委员。1946 年 6 月 23 日,在第 33 届日本世界语大会期间,召开了协会成立大会。经过激烈讨论,产生了协会委员会,中垣当选为委员。协会在 1947 年 2 月有 12 个团体会员,到 1948 年 5 月扩大到 25 个。大岛义夫在扩招过程中发挥了积极作用。大岛在 1946 年 11 月协会的机关杂志《新阵线》(*Nova Fronto*)创刊时任总编,到 1947 年 8 月当选委员长也未离开岗位。

中垣虽然是协会创立时的委员会委员之一,但"在协会召开的会议中往往沉默不语,几乎没有发挥任何领导作用",委员会委员松本健(1910～1999)回忆道。后来情况有所变化,初芝武美撰写的《日本世界语运动》一书提到,协会活动的中心人物是大岛义夫、中垣虎儿郎等一批无产阶级世界语活动家。

中垣在战后又开始了文学活动。他修订了战前出版的《北极黄金乡三十年》，于1947年1月更名为《北极奇谭》，在名取洋之助（1910～1962）主办的《周刊日新闻》连载。名取洋之助是日本电影新闻界的先驱。

1949年1月发行的《新前线》（*Nova Fronto*）第9号就中垣在协会中的积极作用进行了评价。1948年2月该刊在出版发行了第8号后因资金短缺而被迫中止，是通过中垣向小山久二郎化缘，在小山的支持下复刊的。

中垣在1947年8月被选为编辑部成员。他自8月号开始，连续刊登自传《我的世界语运动史》。中垣在自传中写道：

> 我从事世界语运动已25年。我想记录下这段回忆。通常只有老人才写回忆录。我刚50岁，还不在老人之列，也丝毫不觉得自己是老人。我只是认为世界语运动今后将有巨大变化。为什么要写回忆录？或许我潜意识里有着老人般的怀旧心情，也有非个人的现实因素。在日本，世界语运动已开展了四十年之久，如果不归纳整理、写成一部世界语运动史，我会非常遗憾。……要填补这段空白，只能动员各社团的积极分子把各自了解的事实、参加的活动写成文章，然后把其中符合要求的作为资料汇编成册，也就成了世界语运动史。我认为现在必须做这件事，这样可以使大家走到一起，适应当今新的社会形势，共同团结在民主主义的旗帜下，或者聚集起来为建立世界语协会出力。

此时的中垣从事一种单纯的世界语运动。或许是因为经历过政治运动，受到过政府宪兵的残酷镇压，他感到协会有危险，可能重蹈 PEU 的覆辙。1947 年 8 月，经创立大会决议通过，世协加入日本民主文化联盟，后来渐渐受到日本共产党的影响，政治色彩越来越强。中垣此时感到协会可能成为第二个 PEU，所以想通过整理历史，挖掘出被埋没已久的 PEU 的历史来提醒协会。

1949 年 12 月，中垣被选为日本民主文化联盟中央委员。

1950 年 12 月，协会在成立四年半后宣布解散。早在 1949 年 9 月 23 日文化学院召开第 4 次大会的时候，宫本、松原八郎等人就提出了解会的议案，理由是地方组织认为日本世界语学会和第二次日本世界语协会没有区别，协会可以使世界语运动集中在日本世界语学会的一元领导下，增强总力量。这一提议受到多数与会者的赞同，一举通过。

解散协会还有许多原因，如资金短缺、运营艰难。另一个直接原因是 1950 年 5 月末的反美示威游行中，一名协会会员被捕，7 月的第 5 次代表大会上与会委员不足半数而使会议取消。总之，6 月的清除赤色分子行动使协会的团体会员多半遭到破坏，协会失去了重要的基础力量。基于上述缘故，1950 年 9 月 22 日协会干部决定解散协会，12 月 4 日召开常委会作出了决议。就这样，维持了四年半的协会活动结束了。

协会解散后，中垣、大岛义夫和福田正男三人组织了世界语之友会，希望东山再起。1951 年 1 月，他们创刊了《同志》(*Samideano*)杂志。该杂志共出版发行了 40 期,在 1958 年 5 月停刊,期间刊登了 10 篇中垣的作品,后来于 1967 年复刊。刊登的中垣的文章有:《支援捷克斯洛伐克兄弟们的革命》(*Juki Saitoo Respondante Ruraĝigon de Ĉekoslovakaj Fratoj*,第 9 期)、《一文钱》(*Unu seno*,第 15、16 期)、《日本共产党新纲领》(*Nova programo de Japana K. P.*,第 22～24 期)。中垣的另一个突出贡献是以"Rooseiroozin"(校对老人)为笔名,撰写《新编世和词典勘误》《新编世和词典纠料》和《插图大词典勘误》(*Korektmate rialoj de Plena Vortaro*)三篇文章,为日后世和词典编纂和字词应用发挥了作用。

最后,值得一提的是,中垣世译了 45 篇伊索寓言。有时提到世界语版伊索寓言,人们首先会想到日本世界语之父小坂狷二。1921 年,小坂狷二出版了附有译注的 20 篇世译伊索寓言,1932 年日本世界语学会出版了他翻译的 65 篇《伊索寓言》(*Fabloj de Ezopo*)。中垣 1933 年 4 月开始在《世界语文学》连载自己翻译的伊索寓言,共连载 37 期。他可能认为小坂狷二此前的译作有不完善之处,福田认真比较了两个版本后编写了《世界语伊索再入门》(1974 年 4 月,朝日书房),对中垣的译本给予高度评价。2004 年 6 月,日本世界语图书刊行会发行的最新版《伊索寓言 50 篇》,封面仍然采用了中垣当时的画作。

第十一章　政治风波

在 1948 年末或 1949 年初，中垣和另外 4 名小山书店的员工集体辞职，起因则是后来获得直木奖的作家江崎诚致(1922～2001)。

1939 年，19 岁的江崎从福冈的明善中学退学后，来到了东京，第二年经同乡诗人野田宇太郎介绍到小山书店工作，受到小山久二郎的关照和培养。1943 年初，江崎应召入伍，同年 5 月 1 日中垣到小山书店工作，两人恰好错过相逢的机会。

江崎就像在第 37 届直木奖获奖作品《吕宋的山谷》(1957 年 3 月，筑摩书房)中描绘的那样，经历了悲惨至极的菲律宾战线九死一生的磨难，于 1946 年 3 月从军队复原回到东京小山书店。江崎向小山讲述在吕宋的非人生活时中垣在场，江崎与中垣相识了。

中垣虎儿郎和江崎诚致年龄相差将近 30 岁，但都反对战争、倾向日本共产党，于是成为莫逆之交。两人在公司里组织朋友召开左翼文献朗读会，加深对马克思主义的理解。实际上中垣于 1947 年就加入了日本共产党。江崎后来曾说："在我心中铺设共产主义导火索的是中垣君，真正点燃的是德田球一君。"

1947 年 12 月，因三石清新婚，中垣不便继续住在他家，便向小山诉说苦衷，在小山介绍下搬出三石清在吉祥寺的住宅，迁入小山的亲戚安倍荣位于千谷的房子暂住，当时，这所房子里还住着小山的继女和女佣。中垣为此很反感，好像是住在女人堆里了，于是在 1948 年夏天，江崎把刚买的住宅中一间向阳的房间无偿给中垣居住，中垣一住就是两年半。因此，中垣与江崎等几个小山书店的年轻员工往来更密切了。关于中垣他们集体从小山书店辞职，据江崎的回忆，情况如下：

> 在公司内部，骨干成员与普通职员围绕经营、编集的矛盾日益加剧，比如编辑部的人还是老观念，把战前老自由主义的书当成宝贝想要出版，而我们认为"应该淘汰这么老套的东西，出版与战后日本现状相符的民主主义的作品"，鸿沟一旦产生就难以弥合，何况他们还把我们视作赤色分子全天候提防。我厌倦了公司里这种不和谐的气氛，去意已决。我想成立自己的出版社，向社会推荐优秀作品。这或许有些冒险，但战争的经历改变了我。我把成立公司也看作打仗，在战争里连死都不怕，一定能做出事业。我向中垣他们讲了自己的想法，得到了他们的支持，我们五个人一起递交了辞呈。

1949 年春，江崎带着中垣等人在文京区江户川成立了自己的出版社——冬芽书房。公司的名字是中垣取的，意为

“在黑暗时代顽强地发芽成长”。公司开业的同时，江崎他们实现了夙愿——集体加入日本共产党。

1949 年，在中垣争取下，铁塔书院无偿把中垣译作《北极生活三十年——北极绮谭》的版权让给他，由冬芽书房再版，令冬芽书房取得了开门红。江崎对拔刀相助的前辈充满感激和敬意。随后，书房又陆续出版了 30 多部书籍，主要是日本文学会旗下的作家、评论家的作品，如原子弹伤痕文学代表作《尸街》（大田洋子著）、无产阶级文学《丰年饥馑》（德永直著，中垣世译），还有大岛义夫编写的《世界语会话》等世界语读物，为普及世界语作出了贡献。中垣在冬芽书房不仅做校对，而且担任采编、编辑，还创刊了美术杂志 *BBBB*。江崎在 1964 年发表的《十字路》反映了当时的状况。

冬芽书房于 1950 年 6 月突然停业。这是因为苏联共产党、劳动党情报部于 1950 年 1 月 6 日在其主办的《为了持久的和平和人民民主主义报》上发表了文章《关于日本的局势》，在日本共产党高层引起分歧。以德田球一、野坂参三为首的所感派（译者注：所感派是日本共产党内部于 1950 年出现的一种主流派别，即亲华派）和以贺志义雄、宫本显治为首的国际派（译者注：日本共产党内部与亲华派相对抗的日本共产党国际主义者团队）产生矛盾，党的活动经费出现困难，江崎应德田的请求，把自己的新办公室和住宅献给共产党筹措资金，帮助德田一派的部分共产党骨干偷渡到中国。

江崎为躲避当局调查，只好暂时退出冬芽书房，由中垣出面担任第二任社长。中垣在冬芽书房危机时刻挑起重担，曾为还清欠债而违规操作，激起新日本文学会的抗议。另外，中垣为了重振冬芽书房，在《赤旗报》上发表《宣言》为冬芽书房做广告，结果激起新日本文学会的辩论。1951 年春，冬芽书房在出版界销声匿迹，中垣加入了鸽子书房。鸽子书房是上一年从冬芽书房分离出去的，但仍在冬芽书房事务所内办公，三好绫子任社长，主要出版中国的翻译作品。中垣入鸽子书房第二年就成为第二任社长了。

江崎诚致虽然是共产党员，但不允许党对公司进行政治干涉。当时新日本文学会驳斥《冬芽文集》的广告文章《宣言》，称《宣言》无视民主主义文学运动的历史和组织，是非常错误的。江崎不接受上述批评，对在战后日本文坛有极大影响的新日本文学会表示强烈不满，后来又在冬芽书房的事务所内设立了人民文学社办公室。1950 年 11 月《人民文学》发行创刊，这也得益于中垣长期的努力。当时坊间流传：《人民文学》是冬芽书房的化身，受共产党东京都委员会的指示出版发行，冬芽书房本身就是都委员会会员建立的；都委员会预见到了共产党文化战线的分裂，为了对抗宫本显治、中野重治他们领导的新日本文学会而出版发行了《人民文学》。

《人民文学》最后停刊于 1953 年 12 月。《人民文学》从第 2 期（1951 年 12 月）开始，每期附有世界语目录，另外还刊登过中垣世译的中国“荷花淀派”抒情作家孙犁在延安时代创作的短篇小说《荷花淀》，译名为《莲湖》，中垣为小说绘制了插图。

《人民文学》与《新日本文学会》之间一直存在激烈的论

战,论战在 1951 年 1 月因宫本百合子的溘然长逝而达到顶峰。尽管如此,中垣却与这位《新日本文学会》代表性的女作家有师生之谊。

宫本百合子曾对《人民文学》编辑部的栗栖继说过,她从苏联回国后不久,曾跟着汤浅芳子去中垣那里学习世界语,对中垣很敬佩;她很喜欢长辈中垣,也喜欢世界语。百合子是 1931 年从苏联进修后回国的,1932 年 2 月与宫本显治结婚,她向中垣学习世界语应该是 1931 年夏到 1932 年初的事情。宫本百合子的作品《铺道》于 1932 年 1 月起在《妇人之友》上连载,因作者被检举而未连载完。但宫本百合子在小说中,曾以中垣为原型作了人物描绘。她不仅对中垣有善意,也在一定程度上理解无产阶级世界语运动。

以上是中垣的冬芽书房时代。可以看出,1950 年共产党内部产生分歧使日本世界语运动受到挫折。

第十二章　人生的充实期——热衷于《世界儿童》

鸽子书房在 1953 年 12 月出版了安格尼斯·史沫特莱的名著《中国红军在前进》后，停止了为期三年的活动，《人民文学》也随之停刊。鸽子书房结束了它的历史使命。

中垣于 1954 年 2 月离开鸽子书房，6 月加入平凡社做临时工，合同为一年，担任《世界儿童》丛书的国际通信专职人员。

《世界儿童》汇集了世界儿童的作文、诗歌、绘画、版画和照片，目的是介绍世界各国的风俗文化，丛书的发起人是世界语者伊东三郎和坂井松太郎。与世界各国进行通信，世界语是最有效的语言，日本世界语界积极行动制定计划，因为这是向世人证明世界语实用性的绝佳机会。中垣非常赞同这一观点，他与三宅史平、石黑彰彦、福田正男和坂井松太郎等人于 1954 年 2 月成立了《世界儿童》协力会，向全日本世界语者进行宣传，争取合作。他说："一旦这项事业成功，日本文化界对世界语的态度将有很大的变化，因此为了世界语运动的发展需要艰苦努力，需要更多的同志合作。"

1954年春，因编写出版《缀方风土记》全9卷而大获全胜的平凡社伊东三郎等人将《缀方风土记》原班人马请进《世界儿童》编写组。1954年6月1日，《世界儿童》编写组开始运作。

中垣每天都用世界语与海外世界语者联系，宣传编集《世界儿童》的目的，争取他们的支持，以便收集作品。中垣以前从未与海外世界语者通过信，现在他每天都充满了兴奋和新鲜感。丛书编写过程中也有很多困难，主要有五个方面：一是生活习俗的差异，如一位英国小学教师在回复中说，英国每个人都有自己的私生活，大人和孩子互相保密，是不公开的，每天发生的事情不能写出来让人都知道；再比如苏联，日本方面希望提供描写大企业状况的儿童作文，但苏联回复说"这样做是向外国泄漏工厂内部机密"。二是国际问题，如约旦文化大使反复问："以色列也编入该书吗？""我们不同意与以色列并列。我们不能给你们提供儿童作文。"爱尔兰也是如此，令中垣费尽脑汁。三是爽约，如印度、埃塞俄比亚等国都允诺提供稿件，但迟迟不交稿，让编辑很焦急。四是发展中国家的儿童作文很难收集，这些儿童无论上不上学，让他们"写一行还可以，写十几行就不行了"，在编辑西亚、非洲篇时就遇到了这种情况。五是1950年下半年起出版业不景气，影响了丛书的出版发行。由于资金短缺，连国际邮票费都出现了拖欠，工作经常中断。

尽管困难重重，但编写组还是坚持不懈，于1957年10月出完了全书15卷。在编写过程中，伊东三郎、栗栖继等人因

“政治问题”，只工作了一年便离开了。中垣、坂井松太郎延聘，《世界儿童》丛书编写结束后中垣仍在平凡社工作。中垣作为世界语者，战前成功编写了《无产阶级世界语讲座》，战后的骄人成绩则是《世界儿童》。同时，他还获得了丰厚的报酬。平凡社给中垣的月薪超过36000日元，而新入职的大学毕业生只有9500日元。月收入36000日元对独居的中垣来说，生活是绰绰有余，因此他改善了住房条件、邻里关系，购买了高档相机，还外出写生旅行。1958年夏天，他在关西之旅中去神户，最后一次见到哥哥龙太郎。龙太郎于1959年病逝，是他为少年中垣提供了了解世界语的机会。中垣从关西回来后，担任日本世界语学会机关报《东方杂志》(*La Revuo Orienta*)的编辑，1959年正式当选为日本世界语学会理事。

1960年春，中垣得到了因日中战争而中断多年的中国留学生的音讯。高杉一郎作为中国文字改革学术考察团的一员访问北京，期间与黄乃(黄一寰)重逢，回国后把黄乃赠中垣的个人照片交给了中垣。中垣感慨地说：“礼轻情意重，我非常高兴。”

黄乃在抗战期间，从日本回国后就投身于国民革命军，官至将校。在国共内战中，他独自从前线奔向延安做了新闻记者，因过劳和营养不良而双目失明，曾被送往莫斯科治疗，但医治无效，后来担任中华残联副主席。

1961年春，中垣与另一位学生——叶君健，在东京重逢。当时叶君健作为中国作家团的成员访问日本，历经风霜的叶君健已成为新中国的著名作家、翻译家。时隔 24 年的师生重逢令中垣感动不已，况且日中尚未恢复邦交，叶君健作为来自中国的代表能访问私人住宅实属不易，这也显示了叶君健想和中垣再会的热切心情。

1961 年 2 月，有“出版界的不死鸟”之称的平凡社社长下中弥三郎辞世。社长重选，人员大调整。5 月 31 日，中垣被解聘，在平凡社 7 年的工作结束了。中垣没有像过去那样陷入生活困境，而是获得了退职补助和半年的失业补助，还有在日本世界语学会编写杂志的 8000 日元月薪、筑摩书房支付的 34 万日元稿酬，令他生活无忧。中垣在 67 岁时终于实现了梦境般的理想生活。

中垣虽然放弃了成为职业画家的想法，但并没有彻底放下画笔。战后，他还应世界语友人之请作画，如为 1954 年出版的野岛安太郎翻译的世译本《卡帕和其他故事》(*La Kapao kaj aliaj rakontoj*)(芥川龙之介原著)创作封面。

中垣在朝鲜阅读了画家山本鼎(1882～1945)的著作后专攻油画，1950 年初却改为专攻蜡笔画。这完全是因为经济困难，蜡笔画画材便宜。中垣开创了独特的风格，成为著名的蜡笔画家。

提到蜡笔画，人们通常会想到天真的儿童画。中垣作品却可以与油画相媲美。1954 年，中垣的蜡笔画引起了老牌画材企业“王者蜡笔”的注意，他们把中垣的画作印刷了 1 万多张，作为教材分发到全国中小学。

真正影响中垣改攻蜡笔画的是折纸名家千野利雄

(1908～1976)。千野利雄 7 岁时折纸才能就被世人公认。他在太平洋战争初期失去妻子，在千叶县鸭川东京港驻防时迎来了战败。战后不久，为了给疲惫的人们提供休闲场所，他在荻窪站前的小巷开了一家名为“Pon”的茶馆。茶馆虽小，但艺术氛围吸引了许多当时的无名画家，成为艺术家的聚集地，如新村灿根(西洋画家)、今村和(西洋画家)、江原顺(美术评论家)和大竹次郎(后任折星堂会长)等人都是常客。中垣在这些时尚年轻的画家中间算是长者，也是常客，朋友们都说“想见中垣去 Pon”。这也充分证明了中垣是这里的常客，中垣非常留恋这里。

砂田良子和中垣就是在 Pon 相识的。据她回忆，同样曾想成为画家的中垣和千野就像一家人，已超出顾客与老板的关系，有时会一起出门写生。千野的再婚妻子很关心孑然一身的中垣，帮他缝补衣服、钉纽扣，打理男人不擅长的个人生活，使中垣在这段时间里非常整洁。中垣虽然担任冬芽书房社长，但只是名义上的，没有收入，买不起画材。于是曾在蜡笔公司工作的千野利雄劝中垣“不妨改学蜡笔画，比油画成本便宜很多”。这句话令中垣决定转攻蜡笔画。

千野利雄热心发掘新人画家，主动把 Pon 作为作品展览场地提供给他们，中垣也是受惠者之一。中垣一生共举办过九次个人画展，其中七次是在 Pon 展出。自 1954 年开始，他几乎每年一次在 Pon 设展卖画补贴生活。可以说，千野利雄是中垣艺术活动中最好的理解者、支持者。九次个展中，中垣印象最深刻的是第七次，画廊虽小，却是中垣画家生涯中唯一一次上大展台。江崎诚致撰写前言，为展览锦上添花；他上一年刚获得直木奖，成为文坛新秀。江崎写道：

> 中垣君画出了美丽的大自然，诗人用文字、音乐家用歌声、画家用色彩和图形来表现。表现者和物象之间存在着距离，经过种种磨合，描写在创作中发展，然而世人多认为美丽的自然是美丽的。中垣君的画就是这大多数人的代表。我也赞同。这很重要。创作的意图，从其事实来看，图画就是创作的真实反映，存在着作者的许多思想内涵。

个展开幕当日，已是岩波书店专务的小林勇在百忙中抽身前来观看，令中垣非常感动。小林后来说："是距新桥站不近的画廊，一个不寻常的地方开的画展，主要是风景画。是一些在小学生用的图画纸上用蜡笔专注涂抹的画，虽然技艺不很高超，但看得出认真描绘的情思。我一边想象着中垣一个人在郊外风景写生的情形，一边观看着画作。"

这的确是中垣虎儿郎作为画家一生中最闪亮的展示。

第十三章　晚年和生命终点

中垣从小到大，除了龋齿以外没生过什么病。就是这样一个健康的人，在1962年68岁时身体突然出现了异常。就在1962年举办个展的当天，中垣突发疾病，双目几乎失明。

中垣经常自负地说："我就这双眼。"这双眼睛支撑着他作为世界语者、校对编辑、画家的生活。他把眼睛当作生命一样，因此，眼疾一定给他造成了加倍的打击。后来他不断去医院治疗，却没有任何好转。

实际上中垣得了青光眼病，所谓"突然"也在多年前就出现了征兆。砂田量尔说，中垣早在1960年就讲过眼睛不适，还听医生劝告每天吃西红柿。1961年开始，中垣负责的《东方杂志》(*La Revuo Orienta*)多次出现排字错误，而且是低级错误。

1962年，中垣决定画一幅自画像。这并不是突发奇想，因为一个月后他就已经半失明了。中垣在日益灰暗的视野中，可能意识到这一天要到了，他要在最后一刻画下自己的样子。中垣或许把这幅画当作最后的创作，所以注入全部心血，在他的画作中这幅画最能打动观赏者。中垣去世后不久，这幅长期沉寂在日本世界语协会仓库里的自画像经峰芳隆先生提议、笔者牵线，还给了中垣的遗孤藤冈光一。2000年10月，第87届日本世界语大会在中垣的故乡熊本召开，期间举办了纪念美术展。熊本当地的世界语者、对美术造诣颇高的石佳井亮参观了画展，谈了当时的感受：

> 本人19岁进京，一番漂泊后考入教油画的美术大学，但中途退学了。我对中垣的画没有抱很大期望。……可是看到后我震惊了，因为水平很高。中垣的作品表面上风格写实，目光令人印象深刻。……从自画像中可以看出，这个人心高气傲、孤僻、正襟危坐。他的画不算传世名作，但作为业余者能留下这种画，令我肃然起敬。

中垣患了病疾自然给世界语运动投下了阴影。写字还勉强，但是阅读世界语文献的蝇头小字已经不可能了。他在出版了1962年10月号的日本世界语协会期刊后不得不隐退。11月号刊登了中垣离开的启事：

> 本杂志自1958年12月号以来，一直由中垣虎儿郎担任编辑。因其视力突然衰弱需要治疗，所以从本期开始离开本刊静养。

中垣最终未能重返岗位。

祸不单行。中垣自平凡社退职后一直没有经济压力，而现在陷入了困境。他刚因《北极黄金乡》被采用而获得约40万日元稿费，却被一个老朋友做中介全部借给一家新成立的出版中国书籍的出版社。这家出版社欠债不还，将中垣推入经济低谷。砂田良子回忆道：

> 大概是1963年到1964年的事，我也搬到高元寺附近。一天中垣带病特意到我家来借钱。我问他借钱做什么，他说向日本世界语学会交会费。我忘了借给他多少，他当时已经很穷困了，这是真的。当时日本世界语学会的年会费是900日元。

小林勇也回忆说："因为中垣不求回报，还有几个人崇拜他。"现在这些朋友得知他的经济状况，着手支援他。1963年4月25日，已在夏威夷大学任教两年的比嘉春潮回国后，立刻召开了"中垣虎儿郎鼓励会"。会议地点是新宿琉球的餐馆"酒礼门"，中垣是那儿的常客。餐馆是多伯克进(1908～1979)和静子(1908～1992)夫妻开的。多伯克进是比嘉春潮的同乡，20世纪30年代曾在冲绳领导过教师运动。当天除了中垣、比嘉，中垣的世界语老师长谷川理卫也参加了，还有中垣的朋友和弟子十几人到会。大家一致同意成立意在支持中垣的"无名会"，发起人是比嘉春潮、大岛义夫、福田正男和加藤孝一。该会三个月后更名为"三金会"，即大家每月第三个星期五(金曜日)聚会，以中垣为中心畅谈世界语，一起吃顿饭，为逆境中的老人鼓气。1964年4月，中垣全部积蓄用尽，从次月起只能依靠生活救助了。生活救济每月只有13000日元左右，仍无法维持生活。三金会开始募捐，向全国世界语者和中垣的友人呼救，很快筹集到近3万日元。同时，关西地区也参与响应，木下忠三、田中贞美、宫本等投入募捐活动，在1964年5月关西世界语联盟杂志《运动》(*La*

Movado)159 号发表文章，动员大家协助。后来，坂井松太郎等人还于 1965 年末发行了中垣的画，1968 年再版了旧作《初级世界语讲座》，从经济上援助中垣。

值得一提的是，支援活动不仅限于日本，而且还波及中国。中国不仅发来了慰问信，而且时任全国人大代表、中华世界语协会副理事长等要职的叶籁士还亲自向 1964 年末至 1965 年初访问中国的小西纪生了解中垣的身体健康状况。

随着援助活动日益扩大，中垣依靠他人的善意援助得以生活下去。另一方面，他也意识到如果不能自立，终将一死。他曾在 1964 年 5 月写道：

> 几十年来，我依靠这双眼获得生活支撑和欢乐，我曾认为“眼睛就是我的一切”。然而今天，这双眼已丧失了功能，康复无望。我靠着积蓄支撑着过了将近两年，这种日子到这个 4 月也结束了。我认为失去了生活能力，饥饿和死亡就在前面，这是自然规律。可是我还能在稿纸上写字，还能挣点儿生活费。我以前曾写过几本书，仅仅是世界语课本和世译读物，写这类书必须先读书学习。而不需要读书学习就能写出来的书，则是凭回忆完成的生活体验记录、回忆录、自传。

这篇文章在三金会的《三金会消息》上刊登了三个月后的一天，中垣收到岩波书店《文学》编辑部发来的约稿函，这令中垣喜出望外。他或许不知道，当时岩波书店会长小林勇给公司的编辑部做了工作，当然小林也收到了《三金会消息》。

9 月 1 日，一位女编辑登门造访中垣，请他在 9 月中旬之前写一篇十四五页稿纸长的《回忆战前世界语运动概况》的文章，完全符合中垣的“不需要读书就能写得出来”的意向和情况。中垣抱病彻夜书写，当月17日完稿。中垣远远超过编辑的要求，一页400字的稿纸共写了25页之多。可见中垣的悲情，他认为这是遗作。实际上确实如此，这是他向杂志递出的最后一篇文章。此后他住院治疗，因为眼疾不但未好转反而日益严重。四位好友描述了他行动不便的状况：

> 大岛义夫：刚开始他还能读大标题，后来看不见了，结束了阅读生活，只能听收音机。可是他还能凭模糊的视力一个人上街。
>
> 福田：半瞎的中垣陷在新宿的人山人海中（太惨了，我失声痛哭）。
>
> 木下忠三：1965年因参加第50届国际世界语大会，在东京住了一星期。有一天，我去高元寺拜访中垣，他在家。我们聊了一会儿，他眼睛已经不行了，没有以往的精神了，床上被子也不叠，书架也不整，桌子上下都是一堆堆小石子。我们在奇怪的客房里待了一阵子。
>
> 砂田量尔：我记得好像是在高元寺站的前方，迈着颤巍巍的步子，一位老人摇摇晃晃地走着。我仔细一看，这不是中垣虎儿郎先生吗？我跑过去，站在他面前，可虎儿郎先生毫无反应。

坂井松太郎是中垣最亲密的好友，也对中垣有诸多关照。坂井对中垣这时的生活状况作了如下描述，表达了他的忧虑：

此时，中垣的日常生活已陷入非常危险的状态(这绝不是危言耸听)。他原本就不懂得打理生活，所以家里满是灰尘。失明后更严重了，好像根本不打扫卫生，也不洗澡，还有老鼠在家里随便乱窜。冬天还可以，夏天蛆虫冒出来了——总之他身体很衰弱了——他被疾病搞得精疲力竭了。这是显而易见的。一想到他在那种状态下，又得了病，我就坐立不安。

说实话，坂井等三金会成员在中垣初患眼疾时，曾劝他搬到东京的小金井市的老年公寓“解放运动老人协同公寓”。该公寓顾名思义，是专为曾在战前参加过左翼运动的生活有困难的老人和遗属提供的安居设施，它是 1961 年由国民救援会等五家团体为中心建设的。坂井也投资了，所以只要是他推荐的，入住该公寓一般不会被拒绝。

然而当事人中垣是什么态度呢？一向崇尚自由不惜性命的他一直生活得无拘无束，现在让他去住老年公寓，他是一百个不同意。为了说服中垣住老年公寓，坂井费尽了功夫，简直像“猫脖子上系铃铛”。坂井在给平凡社的信中写道：

我两年前就听说中垣的眼不行了。从那时起我就劝他去住老年公寓，中垣就是不肯。那里不是普通养老院，非常自由，而且是我们这些朋友建的。中垣总觉得限制了他的自由，总是以“还想再干点儿”为由拒绝入住。事到如今不是能干不能干的问题，老年公寓是能干的人自行其是，也有能动的人。中垣这些不是理由，他就是不高兴住老年公寓。

1964 年春天，坂井费尽心思，最后又生一计。为了说服中垣这种少有的老顽固，他想“百闻不如一见”，决定带中垣亲身感受一下那里与普通老年公寓的不同。在那儿若想活动，可以在外活动，没有规定限制入住者的自由，并不是中垣想象的“笼中鸟”的生活。坂井把打算告诉大岛义夫以及比嘉春潮夫妇。他们以郊游为由说服中垣，一行人郊游途中顺路去了老年公寓。正巧见到了公寓负责人、理事长——诗人渡边顺三，他们得到了详细介绍。然而中垣完全是一副局外人的态度漠不关心，甚至当明白是朋友事先计划好的之后竟非常生气，使坂井他们的一番辛苦打了水漂。

这位顽固的老人为何生活如此不便还坚决不去老年公寓？这是有背景的。他有自己独特的生死观，平常就多次说过：“我一旦因病不能行动，就算是爬也要爬到山里躲起来。一个人死在那里。”中垣在病前曾写过一篇未发表的文章，其中一段话说明了他的观点：

> 若是不能动了，听任下去就死了。如果有钱可以进养老院。我想，请不要管我，让我静等自然地死去。这是动物的自然死亡方式。……我是唯物论者，明白对人而言死亡是一切的结束。死者没有留下业债，也就不会被人记住。我一无所有。

中垣平时从不看望生病的人，就是对曾关照他的人也一样。因此周围有人批评他“忘恩负义”“薄情男”。他是出于生老病死天已注定的观点行事，因此对好友临终也未留下一篇悼文。

中垣与坂井一直保持密切的沟通交流。1966 年 2 月，中垣参加了浜松世界语会召开的“庆祝新年话中垣虎儿郎、高杉一郎二先生世界语之会”后，终于让步了，于 4 月 11 日同意入住解放运动老人协同公寓。这距开始动员他入住已经过去四年半了。

朋友们心头的一块石头落地了，可是三个月后，公寓决定从东京迁往静冈。这是因为自两三年前开始小金井急剧都市化，导致当初公寓周边宁静的环境被破坏，光照不足、噪音升高，可以说不适合做老年人的临终栖身之地了。中垣入住正是在等待新公寓完工之时。

7 月份，新公寓竣工。公寓平房建在沼津市西椎路视野开阔的高坡上，中垣也随着迁出居住已久的东京。在离京前夕的 7 月 29 日，老朋友们在日本学生会馆召开了有 24 人参加的“鼓励中垣聚会”，大家依依惜别。

伊东三郎特意从东京赶去参加了新公寓的落成典礼，与阔别的中垣叙旧。在场的栉田在文章中说：

> 公寓住户有老画师中垣虎儿郎，与世界语者伊东三郎是挚友，他们聊了很多，打算今后把公寓作为中心举办文人沙龙，给孤独、失明的老友以温暖的鼓励。我也期待着这一天，感觉精神了很多。

中垣开始了在新天地的生活，尽管加入到集体生活中，但自身的生活状况并没有好转。他依旧我行我素，经常出去喝茶或喝咖啡，过了公寓闭门时间也不回来，让公寓工作人员着急；在房间想几点起床就几点起床，想什么时候睡觉就什么时候睡觉，经常和室友产生矛盾。坂井作为担保人经常被投诉。

年过七旬的中垣渐渐出现了“老化”的现象。1968 年末，中央劳动学院(现在的武藏野外语专科学校)在静冈县富士宫举办了“辞旧岁，话世界语生活学校”纪念会，三石清领着中垣从沼津突然前来参加。出席开幕式对中垣的世界语人生有两项重要意义：

第一，这是中垣最后一次见到老友伊东三郎。战前的《无产阶级世界语讲座》和战后的《世界儿童》是日本世界语历史中不朽的两项伟业，伊东是发起人，中垣是完成者。伊东可以说是中央劳动学院的世界语教学之父。他在 1969 年 3 月 7 日因病去世，结束了 66 年动荡不安的人生。

第二，这是中垣最后一次出席世界语集会。据三石清回忆，中垣病前总是自夸腿脚健壮，此时却非常不灵便了，从 1969 年春天开始更加不尽如人意。1969 年 11 月末，在东京召开的解放运动老人协同公寓理事会的议题之一就是：“中垣从今春开始身体健康明显减退，经常大小便不能自理，今后如何对待？”

年底，坂井松太郎收到公寓寄来的信，反映了公寓方面的苦恼。信的内容大致如下：

> 最近一段时间中垣衰退严重，几乎大小便不能自理，甚至接近痴呆。例如在走廊里走着走着就尿了，在集体食堂大厅吃饭时就小便。最难办的是他好抽烟，总是手不离烟。我们担心他一个人在房间里吸烟乱扔烟

蒂会出意外。在老年公寓我们必须增加专人照顾他，可是公寓没有这笔预算，若不付费很难再给他额外看护，请将中垣君送回国家老年公寓也就是养老院吧。

后来，松本仓吉和夫妇接替渡边顺三管理公寓，中垣的情况继续恶化。在坂井松太郎收到信不到两个月后，中垣走路时跌倒，大腿骨折，不得不住院治疗，在医院里生活了半年。

8 月 2 日，中垣出院，但又要面对新的问题。他住院前就出现了认知障碍，出院后情况更糟，连和来看望他的人交流这类简单的事都做不了。“世界语不流行我也要做。为什么呢？我就是喜欢做那些多数人都不做的事。一旦众人都用世界语，我也就不做世界语了，不必为了让大家都用世界语而从事世界语运动，弄得一贫如洗，也不用放弃我的绘画爱好。世界语并不好学，但如果世界一家，必须用同一种语言，即使比英语 10 倍地难学，也必须用世界语。”中垣年轻时就说过这种豪言壮语，他所发挥的超常作用令众人惊讶。然而在无情的疾病和衰老面前，未等到“众人都用世界语，我也就不做世界语”这天的到来，他已经为世界语献出了生命。

中垣出院后成了“恍惚人”，考虑到他的未来生活，三石清、田中正幸等住在东海地区的世界语者自发成立了“守护中垣虎儿郎会”。与东京的三金会不同，该会是通过个人自行募捐，自觉自愿地展开援助。

但是，一切善意的行动都未能遏制病情恶化的势头。大岛义夫在 1970 年末专程看望中垣，对他当时的状况作了详实记录。下面节选的是记录中的一段，充满了对青年时代一起携手投身世界语运动的同志爱莫能助的悲伤之情：

> 我扫了一眼房间，吃惊的是大部分空间都被床占满了。他站在床边，胡子很长，可能是因为牙掉了的缘故，比我去年见到他时老了许多。他坐到床的一角，我搬进来一把小椅子坐下。卧床生活大小便很不方便，所以公寓管理方面对他的个人卫生更加重视了。
>
> 我上次来时，院方就限制他吸烟。现在不仅不允许在房间里吸烟，而且在食堂也不许吸。我后来向看护他的女人打听到了原因，说是他骨折住院时吸烟发生过火险。他那么喜欢吸烟、喝咖啡，现在一下子戒了，可想而知有多寂寞和痛苦。他常常从怀里掏出糖豆不停地放在嘴里，可见肠胃还健康，脑退化却加重。看着他这副幼稚的模样，我的心情越发沉重。原本话少、谨慎的他，竟这样毫无顾忌地吃着，一定是脑功能退化导致的。这也是他视线不集中的原因。
>
> 我们之间已经不能畅快地谈论过去的回忆和感兴趣的事了，他很少作答，说话也是时断时续。从幼年到少年，从青年到壮年，人生经历的变化他已经不能连续地回想了。我不忍心看着他手悬空着颤抖地想把茶碗放到地板上，就接过茶碗放在地板上。……正当我们晒着太阳说话时，一个20岁上下的健康女人走过来，她是公寓的女工。这家公寓除了负责人之外，还住着一男一女两位年轻的护理人员。她把我们这些今天到访的同

志称作叔叔,给我们讲了很多事情。从她喋喋不休的话语中我们知道了他的健康状况。他健康时不常洗澡,现在能和男护工一起洗澡了。洗澡有益于他的健康。我们知道他精神衰退,也感到一丝凄凉爬上心头。在我们和女护工说话时,他仍然不停地嚼着糖,微笑着看着我们。我们和他约好,等天暖和时再来看望他。我们与他分别了。他一直把我们送到门厅口,他已经不能再往外走了。先前我们来时,他还能把我们送到公交车站,而现在再走那段路已经很困难了。

从1971年夏开始,他不断高烧,备受煎熬。不难想象,高烧使本已老迈的他身体更加衰弱。1971年11月15日上午10时20分,中垣因急性肺炎在国立东静医院(静冈县骏东郡清水町)平静地去世,享年78岁。他一生波澜。他从不向困难低头。他自由奔放。他是柴门霍夫的忠实信徒。

尾　声

回想起来，研究生时代，在北京与二战前曾在日本留学的黄乃先生相见，第一次听到他最尊重的日本人是中垣虎儿郎，自彼时起已过去了整整十年了。这十年间，我从毫无任何资料到开始认真研究，时至今日得以完稿，多亏了众人的鼎力相助。最后请允许我向他们表示感谢。他们是（以日语五十音训排序）：

石佳井亮、江崎诚致、加泽绢子、镰田五郎、川田泰代、关西世界语联盟、熊木秀夫、栗栖继、黄乃、小林文男、柴山纯一、砂田量尔、砂田良子、高杉一郎、竹内龙幸、田中、孝幸、日本世界语学会、浜松世界语会、藤冈光一、松本健一、三石清、峰芳隆、宫田裕、宫本义人等。

运动篇

20世纪30年代初期日本国内和平反战思潮与世界语运动

本篇作者　崔学松

在 20 世纪东亚诸多思想潮流当中，和平反战思潮与世界语运动有着复杂关联。例如第二次世界大战之前，围绕世界语与和平反战活动而生成的历史因素之间的实践关系并非协调一致，而是充满紧张。特别是在日本国内的和平反战活动进程中，世界语者与和平反战活动者之间的相互平等交流清晰地体现了这一关联。在 20 世纪 30 年代初期日本国内的无产阶级革命进程中，世界语者与无产阶级革命家进行了广泛的国际联合运动，无产阶级革命家通过世界语，不仅吸引了先进思想，而且还积极展开了国际交流。

世界语运动与和平反战活动之关联课题，逐渐进入旨在重新认识与反思日本和平反战运动的学术领域。然而，在以往的研究中，无产阶级世界语运动与和平反战活动的历史关系并没有得到充分关注，许多研究对世界语运动与无产阶级革命运动实践孤立地进行考察，忽视了二者牵涉更为广泛的关联性内容，从而未能对 20 世纪 30 年代日本社会变迁的诸方面及诸因素之间的历史关系展开充分探讨。本篇在考察 20 世纪 30 年代初期日本国内的和平反战活动中的世界语运动时，则专注于这些历史关系，并着重探究其中的一个重要环节——日本国内的无产阶级革命与世界语运动实践之关联。

一、东亚和平反战思潮与日本世界语运动初期的社会背景

20 世纪初期，随着帝国主义的势力扩张，一系列反战求

和平的社会团体相应地出现，并在各国受到了积极响应。需要说明的是，日本初期的世界语运动受到了无政府主义思潮的影响。在东亚，最早推进近代化的日本，也引进了西欧的各种社会主义思潮。通过明治维新的实施与清日甲午战争的胜利，日本不仅奠定了基础产业、军事产业等产业资本主义的基础，而且还靠军事上的优势开始走上军国主义道路。实际上，日本近代产业化的迅速发展不仅导致了各种社会问题的发生，而且还引起了国民对于战争的忧虑。在这种社会环境下，以社会主义结合在一起，开展了以工人阶层的总罢工和各种实践行动为主的具有组织性的大众运动。

在东亚，日本不仅最早接受无政府主义，而且还最早引进了世界语。1891 年，向日本国内介绍进化论的动物学者丘浅次郎在德国留学时成为世界语协会的会员，他向日本寄送相关书籍而引进了世界语。无政府主义者大杉荣参加了日本世界语协会的创建事业，特别是对在日的中国无政府主义者进行了世界语教学活动。“九一八”事变以后，在日本政府的压抑下，日本世界语学会(JEI)曾经作为军国主义的宣传工具而起到了负面作用，但大部分日本的世界语者与无政府主义者在 1931 年 1 月设立了日本无产阶级世界语同盟。同年 8 月结成日本艺术家组织联盟，用世界语出版了《同志》(*Kamarado*)杂志。受其影响，中国和朝鲜半岛也出现了类似的组织。日本政府把世界语视为危险的语言，对世界语的出版、讲习等采取了严厉的措施。许多世界语者被监禁在收容所，而收容所却变成了新的世界语讲习所。在日本世界语运动史上，最初的受害者就是一生专注于世界语和无政府主义运动的山鹿泰治。他往返于中国和日本之间，给中国的世界语运动与无政府主义思潮的传播带来了很大的影响。他在上海与刘师复开展了国际联合运动，在北京以爱罗先珂和鲁迅为中心，与景梅九、王鲁彦、陈昆山等进行了交流，还参与了1923年北京世界语专门学校的创建。1927年，他在上海劳动大学作为世界语教师，对来自中国和朝鲜各地的700余名青年工人进行了为时一学期的世界语教学。上海劳动大学是中国无政府主义运动的一个重要转换点，在这个学校里，石川三四郎和岩佐作太郎等日本无政府主义者也担任了世界语教官。另外，在华朝鲜人李丁奎、李乙奎，中国的无政府主义者陈声树、祝振罔等也参加了世界语运动，第二次世界大战后，山鹿泰治继承刘师复的精神，继续进行了无政府主义革命活动。

在第一次世界大战后的国际关系中，可以看出世界语运动与国际联合斗争关联的一些线索。第一次世界大战引起了欧洲对语言问题的注目。1920年，在布鲁塞尔召开的国际协会联盟世界大会采纳了对世界语有利的决议案。同年末，在国际联盟第一次会议上，参会的11个国家的代表发表决议，强调了“同于语言问题，世界各民族之间的直接交流受到阻碍”的问题。本次会议还形成了在国际联盟会员国的公共教育机关施行世界语教育的报告书。而法国对国际联盟的这个决议案表示反对，不认可在学校进行世界语教育。世界语运动的重要一面就是反抗帝国主义，所以在一些国家被政府当局镇压。例如,德国的希特勒政权就是镇压世界语的一个典型,斯大林政权也一方面提出国际主义,而另一方面却把世界语者看作帝国主义国家的间谍进行镇压。这些重大的政治事件,给东亚各国的各阶层特别是文化知识界带来了巨大的影响。

除了推广世界语及其内涵的人类主义思想之外,在战争形势下的世界语运动还考虑到积极参加革命事业也是非常现实而紧迫的课题。这正是20世纪20年代东亚世界语运动的历史情境。不仅日本国内的世界语运动与反战求和平的革命相结合而高度政治化,而且世界语指导者也日益高度关注与国际反战革命团体的相互关联活动。如1928年6月,中国、朝鲜、日本、印度等国家的200名代表参加了东亚无政府联盟会议。中国无政府主义者邓梦仙经营的华光医院和陈光国经营的货币路书店,不仅成为中国、朝鲜、日本的无政府主义者的联络据点,而且也成为以民族主义者为中心的亚洲独立运动势力集合的场所。事实上,20世纪20年代是无政府主义和世界语运动最活跃的时期。随着日本势力范围的扩大,东亚的世界语运动与国际联合运动的关系也越来越密切。

第一次世界大战后,在代表中立主义的国际世界语协会以外,还出现了其他一些国际组织,最有代表性的是全世界超民族协会(Sennacieca Asocio Tutmonda,简称“SAT”)。但是,由于对民族独立运动的立场不同,1931年,在荷兰召开的SAT第11次大会上,左翼会员正式宣布脱离这个组织,设立统一委员会。此后，统一委员会在柏林召开了无产阶级世界语者国际（Internacio de Proletaraj Esperantistoj，简称"IPE"）成立大会。IPE 的工作除了出版委员会发行的《国际主义者》和各种书籍以外，最重要的是发行《无产阶级世界语通讯》（*PEK*）。这种国际的世界语运动形势的变化，给日本国内世界语运动带来了极大影响。

二、日本无产阶级世界语者同盟的发生与发展

进入 20 世纪 30 年代以后，在日本国内反战求和平的社会团体活动中，值得特别关注的是无产阶级革命组织与世界语者的活动。其中影响特别大的是以东京为中心的无产阶级世界语者同盟（Japana Prolet-Esperantista Unio，简称"PEU"）的活动。PEU 创立于 1931 年 1 月 18 日，其活动持续到了 1934 年，对外支持 IPE，并成为其日本支部，对内加入了日本无产阶级文化联盟，间接地受日本共产党的影响。要谈 PEU，首先要了解它的前身柏木 Rondo 和日本无产阶级世界语者协会（Japana Proleta Esperanto-Asocio，简称"PEA"）。柏木 Rondo 是指东京市新宿淀桥区柏木地区的文化小组，创立于 1927 年 8 月，当时国际劳动运动的活跃驱使世界语运动内部起了变化，即在原有的资产阶级民主主义系统内发生了以社会主义劳动阶级为背景的劳动运动。日本也受到了国内外的影响，激进派的世界语者们建立柏木 Rondo。但是，由于柏木 Rondo 的成员较少，无法开展大众运动，只能举办理论和技术方面的积累活动。尽管如此，这些活动

为日后的运动打下了基础。后来，在各地逐渐出现了具有阶级意识的世界语者，柏木 Rondo 就改称“日本无产阶级世界语者协会”，此协会展开了大小规模的大众运动，成了日本国内世界语运动的典范。这一时期是运动的最高峰期。到了 1931 年，此协会创建了 PEU，其成员的中心人物大部分是 PEU 出身。

1. 创立日本无产阶级世界语者同盟以前，值得注意的是柏木 Rondo 与无产阶级科学研究所的关系

柏木 Rondo 每周进行一次聚会。大家聚在一起主要进行轮读《无民族主义者》(*Sennaciulo*)、研究作文、练习会话等活动。提高会员的世界语使用技能是此会的主要目的。对于外界的工作有加入 SAT 时的中介事务、代销 SAT 的出版物，向参加柏木会(Rondo)、主导解放运动而受害的牺牲者赠送世界语书籍的活动等，不做其他宣传性的活动。1923 年秋天，在东京举行的以日本世界语学会为中心的全日本世界语者协会上，柏木会(Rondo)提出：“给那些在市谷及丰多摩监狱服刑的解放运动牺牲者寄送世界语书籍。”由永滨寅二郎进行了说明。会议一致表决同意，并当场募集到了 50 日元的捐款。当时京桥有解放运动牺牲者救援会办公室，其负责人是谷一。世界语者用募集到的捐款购买了日本世界语学会发行的《世界语讲座》和词典等，通过救援会办公室送到了服役中的人们手中。柏木会(Rondo)持续了三年左右，后来因为无产阶级世界语运动越来越活跃而解散。

1929 年春天，秋田雨雀等设立了国际文化研究所，次年

初改称“无产阶级科学研究所”，并把唯物辩证法研究会、苏联同盟研究会、中国问题研究会、农业问题研究会、艺术研究会、世界语研究会作为组织单位进行了改组。各研究会由职员和研究员组成。每周聚会一次，对有关专门事项进行研究，结果或在共同研究会上发表，或刊登在机关杂志《无产阶级科学》上。研究所每月发行《无产阶级科学》，此外还利用学校的假期开展语言学习讲座活动，通过白扬、钱塔书院等发行社发行了研究会编辑的有关无产阶级运动的解说书和讲座书等。

世界语讲习会由无产阶级科学同盟会主办，当时的总负责人是武藤丸楠。从1930年秋到1931年间，中垣虎兒郎、川崎直一、武藤丸楠、大岛义夫四人编著了无产阶级世界语讲座共6卷，通过钱塔书院发行。此外，世界语研究会还在《无产阶级科学》上编辑世界语栏目摘要之页(Resuma Folio)，并把此栏拔萃印刷后，用海外通信发布到读者手里。无产阶级科学同盟会主办的第一次世界语讲习会结束后，留下了约40名讲习生，被分成三个班继续进行研究活动。成员们提议建立统一的组织，方便相互的联系，于是产生了PEA。

1930年7月6日，PEA在杉并区高圆寺驿附近的森敏郎宅举行了创立大会，当天出席会议者有22名，其中有五六名是朝鲜人。担任会议议长的川名报告了有关PEA创立的经过，大岛义夫报告了有关国际与国内的运动情况。之后，会议宣布了纲领、规章、运动方针、干部名单以及协议规定。

2. PEU时代

PEU 创立于 1931 年 1 月 18 日,此会原本作为 PEA 的临时总会开办,途中改为 PEU 成立大会。出席会议的有秋田雨雀等 30 名成员。从此,PEU 成了全国性的组织形态。

创立初期,PEU 在很多方面还存在着缺陷和问题,说明其组织活动力量不足。例如,宣传活动没有统一性,组织活动落后,不重视国际通信,理论活动不活跃,各机关团体部门的活动没有统一性和均衡性,缺乏与反动文化作斗争的积极性。尽管如此,在支配阶级法西斯主义急剧发展的背景下,苏维埃同盟等新力量取得胜利而劳动阶级急剧革命化趋势使一些劳动者对新文化建设的热望觉醒了。PEU 也确实做了不少基础性的工作,尤其 1931 年有两件引人注目的事:其一是日本无产阶级文化联盟的成立,标志着日本无产阶级文化教育运动开创了新的局面;其二是 SAT 的分裂以及 IUK 的创立,给经验不足、技术水平极差的 PEU 组织提供了日后运动发展的动机。PEU 创立初期只有 4 个地方支部(包括准备会)、100 名成员,1931 年已有 14 个地方支部、300 余名会员,《同志》(*Kamarado*)的读者约有 2000 名。它在国际领域方面,与苏维埃一同承担了 IUK 的重要责任。同时,劳动者世界语讲习班的扩大,为建立企业间无产阶级世界语运动组织柏木会(Rondo)提供了基础性的条件。

PEU 第二次全国大会于 1932 年 3 月 20 日在东京举行,上午 10 点 45 分开幕,武藤丸楠担任主持,出席会议的人共有 46 名,会议选举秋田雨雀为大会议长,本部书记长塚本周三作《1931 年度一般报告》。当报告刚要开始宣读时，接到当局停止会议的命令，在下午 1 点 25 分会议被强行解散。此大会准备了《1932 年度方针书》，即《PEU 的新纲领》，由 6 个项目构成：(1)无产阶级世界语运动的一般目标规定。在文化领域无产阶级的自我解放首先是在社会上和政治上使被压迫的勤劳大众得到解放；世界语作为"国际团结的武器"，要成为无产阶级的政治、经济、文化战线等所有方面的技术性要素；世界语的活动中心不仅要放在勤劳大众广泛的日常生活当中，而且还要在大众倡导之下，对国际性语言形式不断进行更新。(2)国际通信运动的大众规定。对于世界语者所做的国际通信运动，一般的理解是无产阶级国际联络和经验交换；与技术性意义相比，它有着更重要的一般文化意义，这对丰富大众的国际生活来说是最有力的手段，也不能忽略国际通信在世界语者的学习和作为国际性语言发展其内容时所作出的贡献，PEU 要将个人通信的方式改成以集团通信为主的方式，并把它在组织内部固定下来。(3)柏木会(Rondo)为基础的组织方针规定。世界语运动重点要放在劳动者的日常生活，把企业作为斗争现场，特别是无产阶级所在的大企业；企业内劳动大众自主地学习世界语时，所采取的最广泛的组织为会(Rondo)，组织会(Rondo)的劳动者和农民大众用自身的创意形成各种实用的世界语学习形态，真正把国际性语言——世界语发展成为大众武器的原动力。(4)确立 PEU 各机关。设置资料调查部，确立财政、组织干部教育培训特别研究会，实行全国同盟计划等。(5)对于资产阶级世界语运动的方针规定，PEU 创立以来一直打着“排挤中立主义的资产阶级世界语运动”口号，但实际上没有做过任何具体的工作；对这个和平主义乃至反动的意识形态，要让它失去对大众的影响力，将其所有大众复归到 PEU 阵营。(6)反对文化的斗争以及国际活动。无产阶级世界语运动不仅是无产阶级文化战线上的一种特殊内容，而且作为国际语言运动，在性质上又是与所有文化部门相关的内容；从文学、演剧等诸多艺术方面到反宗教、教育、科学等学问方面，要论无产阶级文化的国际性，就需要世界语者的协助；通过参加这些文化活动，在国际主义立场与反动的排外主义教育教化进行斗争。

在国际领域，PEU 面临的最大课题是促进中国、朝鲜等东亚殖民地民族的世界语运动，并建立起合作关系。在朝鲜等地进行无产阶级世界语促进活动，对全世界的国际语言运动有着决定性意义，也直接影响到日本的世界语运动。1930 年 SAT 分裂以及 IUK 成立以后，国际无产阶级世界语运动面临着重大的转折点，这一国际组织的建立赋予全世界无产阶级世界语使用者重大的课题，为此，首先要加强日常的国际活动。PEU 应该是通过吸取国际经验和开展国际性的活动在国际舞台上展示风采。

根据上述新方针制定的 PEU 新纲领规定：(1)向劳动者以及其他勤劳大众进行世界语宣传普及。(2)通过世界语参加劳动通信活动。(3)与反动的资产阶级世界语运动斗争。(4)促进朝鲜、中国以及其他东亚诸民族的无产阶级世界语运动，并建立合作关系。(5)扩大、强化国际无产阶级世界语运动的统一。(6)通过国际主义教育启蒙活动，与反动的排外主义进行斗争。(7)把世界语发展成为国际性语言，同时确立世界语的理论体系。(8)通过实际运用世界语，为无产阶级文化建设作斗争。

第二次大会前后是 PEU 的全盛期。1932 年 12 月末，内务省对 PEU 进行过一次调查，当时 PEU 的支部设在东京、大阪、京都等地，其他丰桥、冈崎等地设有准备会，总会员数为 236 名。1933 年 5～6 月，据当时的组织部长樋口幸吉的调查结果，确立下来的支部有东京、大阪、京都等 8 个地方，其他神奈川、神户两地设有支部准备会，福岛、金泽、青森等 7 个地方设有团体，总成员数为 151 名。据内务省调查，到了 1933 年 12 月末数量急剧减少，支部数为 3 个，支部准备会数为 5 个、总成员数为 42 名。组织的中心人物——本部书记的变动如下：初任书记长的是塚本周三。第二次大会之后，即 1932 年 3 月末，由川名信一担任书记长。但是此人因多病、工作不认真等原因在同年 6 月离任，石内茂吉代替了他。到了 7 月石内茂吉被检举，坂井松太郎担任书记长，在 1933 年 6 月 4 口被检举，由当时的本部组织部长樋口幸吉接任。两个月后，樋口幸吉也被检举，于是 PEU 本部处于几乎倒闭的状态。

第二次大会后，PEU 的活动几乎处于停滞状态。1932 年 3 月，当局对日本无产阶级文化联盟的检举已开始。川名信一连续被检举。因厌倦这些检举和对 PEU 政治倾向的不满，秋田德三、大岛义夫、武藤丸楠、中垣虎儿郎等中坚分子相继离开了 PEU。机关杂志《同志》(*Kamarado*)在 1933 年 6 月 1 日通过钱塔书院发行 5～6 月的合并本。7～12 月也同样出版了合并号。但几乎每次都接到禁止出版令,结果中断了出版。此外,同年 1 月和 5 月,PEU 的相关理论杂志出版了两种钢板印刷物。其他活动也同样受检举的影响,大家只顾着整顿组织,无法进行计划内的事项。原先计划在 1933 年 8 月举办第三次全国大会,结果推延到 9 月 3 日,再次推到 11 月 7 日,最终没能举办。樋口幸吉被检举以前,主要开展了设立无产阶级世界语运动泛太平洋统一委员会准备会的准备活动,发表了反对佐野、锅山背叛行为的声明。1933 年 2 月,在 PEU 本部内设立了无产阶级世界语运动泛太平洋统一委员会准备会,并发行了准备会第一号报纸,向太平洋沿岸的国家与地区,如朝鲜、中国、苏维埃同盟、印度、南洋群岛等地的同志传达了意向。结果给予回复的只有中国,其他国家与地区都没有任何反应。

反对佐野、锅山的声明书由樋口幸吉所写,在 1933 年 6 月 26 日举行的 PEU 中央大会上审议通过后,7 月上旬发布到各支部和友谊团体,其数量共为 450 册。此声明书如实地反映了当时 PEU 的进步政治倾向。《有关佐野、锅山背叛行为的声明》指出:

> 我们要知道这里所说的内容是欺骗人民大众的谬论。佐野、锅山说日本人民优秀,并强调民族的统一。但是无产阶级世界语使用者都知道,以天皇为中心的统一民族,不仅剥夺了政治上的所有权力,而且还夺走了

我们在工厂、部落中学习世界语的自由，剥夺了我们与海外进行通信交流的自由……佐野和锅山说这次战争是处罚中国军阀的进步行为，完全是歪曲事实。我们无产阶级世界语使用者可知道事实真相，那就是日本帝国主义与中国军阀携手来对中国人民进行镇压和压迫，所以说这个战争不仅不是正义的战争，相反是极端反动的战争。更重要的是，此次战争为攻击苏维埃联盟、抹杀中国苏维埃的前哨战。在这种帝国主义战争中，假如日本帝国主义取得了胜利，那么我们不仅得不到任何利益，相反会受到更强烈的帝国主义反动支配，所以我们绝对反对帝国主义战争。我们支持的是为反对反动的绝对主义所做的斗争、劳动者和农民当中进步的知识阶层为反对帝国主义而进行的斗争、殖民地民众的反帝斗争、中国苏维埃红军的战斗……苏维埃联盟的社会主义建设不只是为俄罗斯一个民族进行的，而是为了全世界的劳动者和农民进行的，代表一般勤劳大众的利益。在世界语领域，我们也可以看到苏联在世界上的贡献。在政治经济方面它同样作出重大贡献。苏联是全世界无产阶级的祖国。同样，万国无产阶级的团结无论在过去还是在今后都具有重要的意义。为反对帝国主义战争，中国大众是如何进行抗日斗争的、法国无产阶级大众是如何进行反对输送军需品运动的、美国无产阶级大众是如何向松冈进行抗议活动的，对这一系列的活动我们都了解。指挥这些国际斗争的共产国际(Komintan)绝对不是俄罗斯民族的一个机关，而是代表全世界无产阶级被压迫民族利益的我们的前卫……最后，他们主张建设日、满、朝多民族在一起的一国社会主义。但这是合理化日本帝国主义对殖民地的统治，殖民地民族完全的解放是各自的自由独立。现在，在日本帝国主义统治下的朝鲜等民众渴望自由和独立，压迫这些民众的元凶，同时也在压迫我们日本劳动者。打倒帝国主义才是我们和朝鲜等诸多民族得到自由的唯一通道。这就是无产阶级的国际主义。我们无产阶级世界语使用者绝对要支持殖民地民族的自由独立。

由此可知，在日本政局逐渐走向军国主义化的过程中，世界语运动内部发生了分裂，和平反战思潮渐入低潮，日本无产阶级世界语运动也未能达到预期的效果。其原因之一是 PEU 内的成员中，语言水平高超的人员极少，PEU 因受日本无产阶级文化联盟极左政治思想的影响，轻视技术磨炼而导致了国际通信运动专家大量不足。东京、大阪、京都、堺、冈山等地虽有很多成员，但实际上能熟练地运用翻译技巧的人员只有 12 名左右。日本无产阶级文化联盟用极左的政治思想诱导 PEU 成员举起政治性质的口号，比如“反对帝国主义战争、守护苏维同盟和中国、立即释放阶级政治犯”等，并且规定本组织为日本共产党及日本劳动组合全国协会服务，要求每个成员要有顽强的政治意识，忽视了最重要的内容，即语言技术的磨炼。PEU 在世界语宣传普及方面也没能达到预期的效果。起初在东京举办了有关世界语的初级讲座班、研究会、展览会等，但常常因参加人数不足或讲师不足而失败。同样在国际语理论研究方面，PEU 语言委员会中只有一两名积极分子在海外发表过论文而已。其二是无产阶级世界语运动开始就受到日本当局的迫害。“九一八”事变以后，日本国内局势发生了急剧变化，阶级斗争也面临困境。尤其是以日本共产党为中心的共产主义运动因受当局的迫害，渐渐脱离了大众，被大众视为阴谋团体。PEU 同样逐步走向了衰退之路。1934 年初，柏木会(Rondo)时期经验丰富的优秀人员，或被检举或退出了阵营，给整个团体带来了迷失运动方向、陷入混乱状态的结果。神户支部准备会于 1934 年 3 月末退出团体之后，PEU 的活动走到了终点，其组织也停止了活动。

三、结束语

本篇考察了在 20 世纪 30 年代初期日本国内和平反战活动过程中，世界语运动如何与无产阶级革命相链接，进而考察了世界语运动与无产阶级革命如何推动日本的和平反战活动。此外，通过分析 PEU 的具体活动过程，本篇还试图具体地把握日本的世界语运动与无产阶级革命之关联的大众化、国际化问题。可以说，在 20 世纪 30 年代初日本无产阶级国际联合运动中，世界语已成为一个重要媒介手段。换句话说，无产阶级革命与世界语运动的密切关系是日本无产阶级革命者能够活跃在国际舞台上的因素之一。

虽然 PEU 是文化性的世界语运动团体，但是由于处于阶级斗争激化的时代背景下，无可避免地附带政治性。如同其他革命团体一样，PEU 在创立大会上也明确指出了要贡献于无产阶级革命的政治方向。表面上，其活动范围只限于文化领域，但日本无产阶级文化联盟结成以后，对于政府当局镇压无产阶级革命运动中所发生的佐野、锅山背叛行为，PEU 发表了反对声明，表现出了积极的政治态度。围绕 PEU 的历史意义，从创立初期已存在着两种不同见解。其一，认为 PEU 是世界语者独自进行文化运动的团体；其二，认为 PEU 在进步的知识分子以及农民当中宣传世界语，能够起到启蒙作用而提高政治意识。PEU 创立的主要目的是通过宣传世界语，在无产阶级解放运动中起到国际连带的实际性作用的同时，促进世界语本身的发展。为了实现这一目标，需要提高世界语的语言操作能力。PEU 的成员必须做到不断提高自身的世界语操作能力的同时，也要运用文学、表演等多种活动方式培养新加盟成员，使他们将来能够在其他革命团体中担负起国际连带部门的各种事务。但是，由于 PEU 在准备不足的情况下创立于阶级斗争高峰期，不仅成员本身的世界语操作能力有限，而且大部分成员是通过宣传煽动或读书而激发起阶级斗争意识的知识分子，缺乏耐持久战的心理承受能力，这些导致了 PEU 的活动在日本政府当局长期的镇压下，还是以失败告终。

尽管如此，日本无产阶级世界语运动对于国内的共产主义起到了辅助性的作用。第一，在日本国内，无产阶级世界语运动成了劳动者阶级进行国际连带活动的武器。第二，通过世界语进行国际通信，促进大众提高阶级意识、参加实践活动。第三，由于当时的日本国内对出版物进行严格的检阅制度，因此共产主义者获得知识的重要的武器之一就是世界语。特别是在日本对外发动侵略战争时期，国内仍存在不同形式的世界语运动继承发展了和平反战思潮，这也在某种程度上影响了战后日本的和平反战运动。

附录篇

附录一　日本世界语运动大事年表[①]

（1888～2012年）

1888年

《读卖新闻》介绍世界语。

1891年

丘浅四郎开始学习世界语。

1900年

樋口堪次郎开始学习世界语。

1902年

下濑谦太郎开始学习世界语。

二叶亭四迷编写的《世界语教材》出版发行。

1903年

黑板胜美、美野田琢磨、神保格、吉野作造、福田国太郎、武胜于菟开始学习世界语。

① 孙明孝、付月瑜编译。

吉野作造在《新人》杂志上介绍世界语。

1904 年

樋口堪次郎在《国家社会主义新教育学》一文中介绍世界语。

1905 年

安孙子贞治郎、中目觉开始学习世界语。

堺利彦在平民社主办的《直言》杂志上发表采访黑板胜美的文章。

冈山开办世界语函授班。

1906 年

村本达三编写的《世英—英世》词典发行。

黑板胜美、安孙子贞治郎创办的日本世界语协会在东京和横滨成立。

二叶亭四迷编写的《世界语》(彩云阁)发行。

日本世界语协会机关刊物《日本世界语者》创刊。

《中央公论》刊登世界语讲座。

大杉荣在狱中学习世界语。

日本世界语研究会编写的《世界语自学读本》发行。

黑板胜美编写的《世界语日语词典》发行。

1907 年

大杉荣再次入狱,世界语学校停办。

山鹿泰治、鸣海要吉、佐佐佑城学习世界语。

1908年

大杉荣为中国留学生举办的世界语讲习班开办。

黑板胜美和新村出参加德国德累斯顿第4届国际世界语大会。

1911年

原田勇美成立世界语书院。

1912年

中村精男开办世界语讲习班。

1913年

日本世界语协会中国台湾支部成立。

1914年

俄国盲人爱罗先珂到日本。

山鹿泰治赴上海协办《民声》杂志。

千步利雄《世界语全程》出版。

中村精男、黑板胜美、千步利雄《世界语日语词典》出版。

1915年

东京帝国大学世界语协会成立。

秋田雨雀、比嘉春潮、仲原善忠学习世界语。

1916年

大阪世界语协会成立。

1917年

伊东三郎学习世界语。

1919 年

日本世界语学会(JEI)成立。

1920 年

日本世界语学会会刊《东方杂志》(*La Revuo Orienta*)创刊。

芬兰公使拉姆斯特(G. J. Ramstedt)欢迎会在本乡燕乐轩举行。

东京世界语俱乐部成立。

1921 年

大阪世界语会成立。

日本世界语学会派出世界语宣传队到东北地方宣传世界语。

1922 年

大杉荣、山鹿泰治去中国宣传无政府主义和世界语。

1923 年

日本世界语学习会向东北、北海道派出世界语宣传队。

大本教派加藤明子学习世界语。

日本世界语研究会成立。

大本教世界语宣传会成立。

大杉荣被杀害。

1924 年

日本世界语医学联盟成立。

1926 年

东京大学世界语俱乐部成立。

日本世界语学会取得财团法人资格。

小坂狷二出访中国。

日本医学世界语协会成立。

冈本好次《新编世界语日语词典》出版发行。

1927 年

东京中央电台开始播放世界语讲座。

比嘉春潮、清见六郎、永宾演二郎、大岛义夫创建柏木会。

1928 年

日本盲人世界语协会成立。

1930 年

铁塔书院出版发行《世界语教程》。

大石和三郎当选为日本世界语协会理事长。

1931 年

日本无产阶级世界语同盟成立，秋天雨雀当选为同盟委员长。

日本佛教世界语协会成立。

日本铁路世界语联盟、全国大学生世界语联盟成立。

1932 年

冈本好次担任日本世界语学会的书记长。

日本世界语文艺协会成立，《世界语文学》（Esperanta Literatnro）杂志创刊。

1933 年

日本世界语学会创办学习刊物《世界语》(Esperanto)杂志。

1934 年

中原修司发起的《时代》(*Tempo*)杂志创刊。

第 22 届日本世界语大会在长崎举行。

1935 年

日本世界语学会出版发行《新日世双语字典》。

中华留日世界语学会成立。

1936 年

国际无民族性协会创始人兰提访问日本。

日本科学世界语协会、日本妇女世界语协会成立。

1937 年

冈本好次辞去日本世界语学会书记一职并移住京城。

齐藤秀一主办的《拉丁化》(*Latingo*)杂志创刊发行。

绿川英子(长谷川照子)离开日本到中国。

第 25 届日本世界语大会暨世界语发表 50 周年纪念活动在东京举行。

竹内藤吉创立世界语爱国同盟。

1938 年

第 26 届日本世界语大会在名古屋举行,会上开设小坂奖。

1939 年

日本世界语协会学力标准开始实行。

1940年

日本世界语学会退出国际世界语协会。

1941年

原田休一翻译的《神皇正统记》出版发行。

三宅史平到中国出席满洲第10届世界语大会。

1944年

日本世界语学会机关刊物停刊。

1945年

西成甫当选日本世界语协会理事长。

绿川英子《在战斗的中国》发表。

日本世界语学会机关刊物复刊。

1946年

日本世界语协会再次成立。

1947年

三宅史平担任日本世界语协会专职理事。

1948年

日本政府解除禁止世界语用于国际通信的禁令。

栗栖继、宫本正男创办“世界语通信社”。

1950年

日本世界语协会解散。

大本教世界语宣传会复会。

1951 年

关西世界语联盟成立,《运动》(*La Movado*)创刊。

福田正男主办的《同志》(*Samideano*)创刊。

东京学生发起成立世界语联盟。

1952 年

东海世界语联盟成立。

第一届关东世界语大会在东京举行,会上决定成立关东世界语联盟。

1953 年

日本世界语学会召开第一届协议会。

第一届关西世界语大会在奈良召开。

日本妇女世界语协会成立。

世界世界语和平运动日本支部成立。

1954 年

日本科学家世界语者协会成立。

1956 年

日本世界语学会再次加入国际世界语协会。

第 43 届日本世界语大会暨日本世界语运动 50 周年纪念大会在东京召开。

1958 年

小坂狷二先生 70 岁大寿庆祝会在学士会馆举行。

1959 年

第 46 届日本世界语大会暨柴门霍夫诞辰 100 周纪念活

动举行。

关西世界语联盟主办的柴门霍夫节纪念活动在大阪举行。

1960年

土岐善磨来中国考察文字改革工作。

第47届世界语大会在东京举行，会上通过了申办第50届国际世界语大会议案。

第50届国际世界语大会地方组织委员会成立。

土岐善磨随中国文字改革学术考察团访问中国。

1961年

日本世界语学会世界语集训在长野县的边远山举办。

日本世界语学生联盟再次成立。

关西学生世界语联盟成立。

巴金、叶君键随中国代表团访问日本。

1962年

在第47届国际世界语大会上八木日出雄当选为国际世界语协会主席。

东京世界语者青年会成立。

1963年

日本世界语学会联盟向中国、甲信北关东三大地区派送地方分队。

第50届日本世界语大会在吹田举行，中国代表参加。

1965 年

国田秀男当选为国际医学世界语协会会长。

第 21 届国际青年世界语大会在大津市举行。

第 52 届日本世界语大会在东京举行。

1966 年

早稻田大学世界语者访问韩国。

高杉一郎在《文学》杂志上发表《日中世界语交流史》一文。

1967 年

日本世界语学会理事长西成甫退职,新江上不二夫接任。

由比忠之进以自焚抗议美日侵略越南战争。

1968 年

小坂狷二当选为日本世界语学会会长。

1969 年

伊东三郎、小坂狷二去世。

关西世界语联盟举办第一届林间学校活动。

日本铁路世界语联盟成立。

1970 年

发起日本世界语学会办事处人员改建活动。

1971 年

日本世界语学会以理事会多半改选的形式进行理事人员更换。

三宅史平退任日本世界语学会专职理事一职。

1972年

日本世界语学会第一届暑期大学开办。

1973年

关西世界语联盟在丰中开设新的办事处。

《柴门霍大全集》开始发行。

土岐善磨、德田六郎访问中国。

陈原、叶籁士、祝明义访问日本。

1974年

矶部幸子、德田六郎等访问中国。

1975年

日本世界语学会理事会进行大幅度的人员调整。

日本世界语学会举办世界语高级讲座。

1976年

日本世界语学会在东京举办庆祝学会成立50周年演讲大会。

1977年

日本世界语学会决定在早稻田大学建设新会馆。

江上不二夫当选为日本世界语学会会长。

1978年

日本世界语学会会馆建成。

国际世界语协会主席访问日本。

德田六郎、长冈二郎、梅田善美访问中国。

由栗栖继创办的日中友好通信协会成立。

1979 年

日本世界语学会第 64 届国际世界语大会旅行团成立。

第 66 届日本世界语大会在神户举行，绿川英子的儿子刘星参加大会。

日本世界语学会创立 60 周年纪念演讲大会召开。

矶部幸子当选为日本世界语学会理事长。

日本世界语围棋协会成立。

1980 年

TBS 播放电视剧《望乡之星》(绿川英子的青春)。

三宅史平去世。

以矶部幸子为团长的 12 人考察交流团到中国访问。

北美世界语协会会长访问日本。

1982 年

首届日韩青年世界语研讨会举办，来自日本的 28 名代表参加会议。

宫本正男参与编写的《绿川英子文集》在北京出版。

1983 年

日本世界语学会出版发行《日世词典》(普及版)。

宫本正男被授予日本世界语学会特别学术贡献奖。

梅田善美当选为国际世界语协会副主席。

全日本高校世界语联盟成立。

1984 年

成立世界语四大组织团体协议会(JEI、KLEG、RH、EPA)。

关东世界语联盟开设东高、高田马场办事处。

由3000名青年学生组成的日中青年友好交流团访问中国,其中有世界语者5人。

巴金随中国作家代表团访问日本。

1985年

日本世界语学会开展第一届教师世界语研讨会。

竹中治助应邀参加《中国报道》杂志创刊35周年纪念大会。

1986年

日本世界语学会派出代表团出席在北京召开的第71届国际世界语大会。

1987年

世界语诞生100周年纪念大会暨第74届日本世界语大会在东京举行。

日本派出300名代表参加了在华沙举办的世界语诞生100百年纪念大会。

1988年

井川幸雄当选为日本世界语学会理事长。

1989年

关西世界语联盟顾问宫本正男去世。

第76届日本世界语大会暨日本世界语学会成立70周年纪念大会举行。

1991年

西川丰藏当选为日本世界语协会理事长。

国际世协亚洲世界语运动协调委员会主办的《世界语在亚洲》(*Espeanto en Azio*)开始编辑发行。

1992年

日本青年世界语组织成立。

1993年

山崎静光当选为日本世界语学会理事长。

1994年

在日本关西举行第79届国际世界语大会后的观光活动。

接受日本世界语学会会员森田洋子的捐赠,八座岳世界语馆开馆。

1995年

李士俊出席参加八坐岳世界语馆开馆一周年纪念活动。

1996年

日本世界语学会发表"走向21世纪"的宣言。

1997年

堀太雄开始编辑《日本报告》(*Raporto el Japanio*)系列丛书。

1999年

柴山纯一当选为日本世界语学会理事长。

2006 年

日本世界语运动 100 周年纪念活动举办。

2007 年

第 92 届国际世界语大会在横滨举行,1024 名代表参加大会。

2011 年

第 98 届日本世界语大会在韩国举行。

2012 年

第 99 届日本世界语大会在札幌举行。

日本世界语学会更名为日本世界语协会,铃木惠一当选为理事长。

附录二　历届日本世界语大会年表

	时间	地点	参加人数(人)
1	1906 年 9 月 28 日	东京	130
2	1907 年 11 月 16 日	东京	300
3	1916 年 4 月 29～30 日	东京	50
4	1917 年 5 月 10～13 日	东京	50
5	1918 年 4 月 19～21 日	东京	50
6	1919 年 5 月 3～4 日	横滨	60
7	1920 年 10 月 1～3 日	东京	40
8	1921 年 10 月 14～17 日	东京	60
9	1922 年 5 月 12～15 日	东京	60
10	1922 年 10 月 14～17 日	东京	70
11	1923 年 8 月 31～9 月 3 日	冈山	90
12	1924 年 7 月 27～30 日	仙台	100
13	1925 年 10 月 16～18 日	京都	150
14	1926 年 9 月 24～26 日	东京	200
15	1927 年 10 月 15～17 日	福冈	350
16	1928 年 4 月 7～8 日	大阪	129

续表

届	时间	地点	参加人数(人)
17	1929 年 9 月 21～23 日	东京	280
18	1930 年 8 月 2～4 日	金泽	79
19	1931 年 10 月 16～18 日	京都	281
20	1932 年 10 月 15～17 日	东京	366
21	1933 年 11 月 3～5 日	京都	300
22	1934 年 4 月 1～3 日	长崎	112
23	1935 年 9 月 22～24 日	名古屋	192
24	1936 年 8 月 8～10 日	札幌	142
25	1937 年 11 月 21～23 日	东京	311
26	1938 年 10 月 16～17 日	名古屋	152
27	1939 年 4 月 28～30 日	大阪	229
28	1940 年 4 月 28～30 日	宫崎	291
29	1941 年 10 月 17～18 日	东京	121
30	1942 年 10 月 18 日	东京	59
31	1943 年 11 月 7 日	东京	32
32	1945 年 12 月 16 日	东京	72
33	1946 年 6 月 23 日	东京	85
34	1947 年 7 月 12 日	东京	106
35	1948 年 9 月 25～26 日	大阪	130
36	1949 年 9 月 23～24 日	东京	150
37	1950 年 7 月 22～23 日	横滨	229
38	1951 年 9 月 22～24 日	名古屋	178
39	1952 年 9 月 21～23 日	京都	328

续表

届	时间	地点	参加人数(人)
40	1953 年 9 月 19～21 日	冈山	187
41	1954 年 9 月 4～6 日	东京	250
42	1955 年 8 月 27～28 日	吹田	372
43	1956 年 11 月 9～12 日	东京	757
44	1957 年 8 月 17～19 日	名古屋	346
45	1958 年 11 月 1～3 日	福冈	296
46	1959 年 8 月 28～31 日	东京	654
47	1960 年 8 月 20～22 日	前桥	283
48	1961 年 8 月 17～20 日	富山	344
49	1962 年 8 月 25～26 日	东京	484
50	1963 年 8 月 24～26 日	吹田	602
51	1964 年 8 月 22～24 日	东京	455
52	1965 年 10 月 23～24 日	东京	435
53	1966 年 8 月 20～22 日	名古屋	360
54	1967 年 7 月 8～10 日	京都	536
55	1968 年 8 月 3～4 日	札幌	355
56	1969 年 7 月 25～28 日	京都	396
57	1970 年 7 月 25～26 日	高槻	825
58	1971 年 8 月 28～29 日	东京	570
59	1972 年 7 月 15～16 日	高松	243
60	1973 年 8 月 11～12 日	龟冈	942
61	1974 年 11 月 3～4 日	北九州	474
62	1975 年 8 月 9～10 日	金泽	364

续表

届	时间	地点	参加人数(人)
63	1976 年 8 月 21～22 日	濑户	468
64	1977 年 8 月 26～28 日	东京	534
65	1978 年 8 月 26～27 日	三岛	334
66	1979 年 8 月 11～12 日	神户	610
67	1980 年 8 月 23～24 日	横滨	505
68	1981 年 8 月 8～9 日	东京	345
69	1982 年 8 月 28～29 日	镰仓	343
70	1983 年 8 月 6～7 日	龟冈	917
71	1984 年 8 月 18～20 日	盛冈	293
72	1985 年 8 月 23～25 日	横滨	550
73	1986 年 8 月 9～10 日	大阪	459
74	1987 年 8 月 28～30 日	东京	721
75	1988 年 8 月 20～21 日	札幌	461
76	1989 年 11 月 25～26 日	东京	274
77	1990 年 8 月 24～26 日	横滨	613
78	1991 年 8 月 24～25 日	吹田	535
79	1992 年 8 月 29～30 日	松岛町	508
80	1993 年 8 月 7～8 日	龟田	1222
81	1994 年 10 月 22～23 日	东京	576
82	1995 年 10 月 13～15 日	横滨	530
83	1996 年 8 月 9～11 日	广岛	437
84	1997 年 8 月 8～10 日	池田町	447
85	1998 年 10 月 3～4 日	金泽	480

续表

届	时间	地点	参加人数(人)
86	1999 年 10 月 15～17 日	望月町	472
87	2000 年 10 月 13～15 日	熊本	500
88	2001 年 10 月 12～14 日	宝塚	590
89	2002 年 10 月 4～6 日	福岛	427
90	2003 年 10 月 11～13 日	龟冈	1181
91	2004 年 10 月 22～24 日	犬山	463
92	2005 年 10 月 8～10 日	横滨	571
93	2006 年 10 月 7～9 日	冈山	474
94	2007 年 10 月 26～28 日	水上町	337
95	2008 年 10 月 11～13 日	和歌山	477
96	2009 年 10 月 10～12 日	甲府	381
97	2010 年 10 月 9～11 日	长崎	396
98	2011 年 10 月 7～9 日	韩国城南	342
99	2012 年 10 月 6～9 日	札幌	360
100	2013 年 10 月 12～13 日	东京	719

附录三　日本世界语组织译名

Esperanto Kibosxa　希望社

Esperanto-Ligo en Regiono Kantoo（ELK）　关东世界语联盟

Esperanto-Populariga Asocio（EPA）　世界语普及会

Esperanta Virina Asocio（EVA）　世界语妇女协会

Internacia Asocio de Revoluciaj Esperanto-Verkistoj（IAREV）　国际革命世界语作家协会

Japana Asocio de Blindaj Esperantistoj（JABE）　日本盲人世界语协会

Japana Asocio de Kristanaj Esperantistoj（JAKE）　日本基督教世界语协会

Japana Budhana Ligo Esperantista（JBLE）　日本佛教世界语联盟

Japana Esperantista Asocio（JEA）　日本世界语协会

Japana Esperanto-Instituto（JEI）　日本世界语协会（旧称日本世界语学会）

Japana Esperantista Go-Asocio（JEGA）　日本围棋世界

语协会

Japana Edukista Ligo Esperantista（JELE） 日本教育工作者世界语协会

Japana Esperantista Ligo Fervojista（JELF） 日本铁路员工世界语协会

Japana Esperanta Librokooperativo（JELK） 日本世界语图书发行会

Japana Esperantista Ligo Studenta（JELS） 日本学生世界语联盟

Japana Asocio de Medicisto Esperantista（JAME） 日本医学世界语协会

Japana Esperantista Sciencista Asocio（JESA） 日本科学家世界语协会

Japana Pacdefenda Esperantista Asocio（JPEA） 日本世界语者保卫和平协会

Hokkajda Esperanto-Ligo（HEL） 北海道世界语联盟

Kjusxua Esperanto-Ligo（KEL） 九州世界语联盟

Kansaja Ligo de Esperanto-Grupoj（KLEG） 关西世界语联盟

Kansai Ligo de Esperantistoj Studentaj（KLEG） 关西学生世界语者联盟

Proleta Esperanto-Asocio（PEA） 无产世界语协会（普罗世界语协会）

Japana Prolet-Esperantista Unio（JPEU） 日本无产世

界语者同盟

Rondo Harmonia(RH) 国际语教育协议会

Tokia Esperantista Junulara Asocio(TEJA) 东京青年世界语联合会

Tokia Esperanto-Klubo(TEK) 东京世界语俱乐部

Tokia Esperanto-Ligo(TEL) 东海世界语联盟

Tokia Esperanto-Ligo de Studentoj(TELS) 东京学生世界语联盟

后 记

2007年和2013年我两次去日本，在亲身体验日本世界语运动的同时，也顺便考察了世界语在日本的传播与影响。在日本期间，我重点访问了日本世界语协会、东京世界语俱乐部、世界语馆，参加了关东、关西地区世界语大会。在日本世界语协会和世界语馆，在后藤齐教授和堀太雄老师的带领下，我查阅了一些世界语运动的史料。回国后就一直想做一些有关日本世界语运动史的整理和研究工作，同时也试着开始把手头的资料翻译成中文。

2014年，枣庄学院首次开设了世界语翻译课，我就带领几个同学开始以翻译练习的形式研读宫本正男的《日本世界语运动简史》一书，在研读和翻译过程中，碰到了不少困难，特别是专用名词的翻译。恰好，国际世界语协会亚洲世界语运动协调委员会前主席佐佐木照央在枣庄学院担任日语和世界语外教，他就日本专用名词的翻译向我们提供了宝贵的帮助。后来他在回日本度假时又搜集了一些珍贵的史料带给我们。经过一个学期的研读，我们就把这本书翻译完了。

在中华全国世界语协会和枣庄学院领导的支持下，将这本译稿和其他两篇有关日本世界语运动的研究成果汇编成册，这将对世界语运动历史的研究起到抛砖引玉的作用。当然，由于学业不深，书中难免出现诸多错漏，尚请读者批评指正。

在此，我们要向为本书出版提供版权的日本关西世界语联盟、提供支持的枣庄学院领导及世界语博物馆兼职工作人员吴娟、李慧、高慧老师表示感谢。

孙明孝

2015年10月

图书在版编目(CIP)数据

日本世界语运动史略/孙明孝主编.—济南:山东大学出版社,2015.11
ISBN 978-7-5607-5403-1

Ⅰ.①日… Ⅱ.①孙… Ⅲ.①世界语—语言史—日本
Ⅳ.①H91—093.13

中国版本图书馆 CIP 数据核字(2015)第 290399 号

责任策划:滕希功
责任编辑:秦大忠
封面设计:牛 钧

出版发行:山东大学出版社
社 址 山东省济南市山大南路 20 号
邮 编 250100
电 话 市场部(0531)88364466
经 销:山东省新华书店
印 刷:济南景升印业有限公司
规 格:880 毫米×1230 毫米 1/32
7 印张 135 千字
版 次:2015 年 11 月第 1 版
印 次:2015 年 11 月第 1 次印刷
定 价:20.00 元